CON GRIN SU CONOCIMIENTOS
VALEN MAS

- Publicamos su trabajo académico, tesis y tesina

- Su propio eBook y libro - en todos los comercios importantes del mundo

- Cada venta le sale rentable

Ahora suba en www.GRIN.com
y publique gratis

Reymer Guevara Morales, Osmany Aguilera Almaguer (Editor)

Actividades a través del procesador de texto Microsoft Word para favorecer el aprendizaje de estudiantes

Profundización del sistema operativo de la asignatura informática

GRIN Verlag

Bibliografische Information der Deutschen Nationalbibliothek:

Die Deutsche Bibliothek verzeichnet diese Publikation in der Deutschen National-
bibliografie; detaillierte bibliografische Daten sind im Internet über http://dnb.d-
nb.de/ abrufbar.

Imprint:

Copyright © 2010 GRIN Verlag GmbH
Druck und Bindung: Books on Demand GmbH, Norderstedt Germany
ISBN: 978-3-656-47692-4

This book at GRIN:

http://www.grin.com/es/e-book/231140/actividades-a-traves-del-procesador-de-
texto-microsoft-word-para-favorecer

GRIN - Your knowledge has value

Der GRIN Verlag publiziert seit 1998 wissenschaftliche Arbeiten von Studenten, Hochschullehrern und anderen Akademikern als eBook und gedrucktes Buch. Die Verlagswebsite www.grin.com ist die ideale Plattform zur Veröffentlichung von Hausarbeiten, Abschlussarbeiten, wissenschaftlichen Aufsätzen, Dissertationen und Fachbüchern.

Visit us on the internet:

http://www.grin.com/

http://www.facebook.com/grincom

http://www.twitter.com/grin_com

UNIVERSIDAD DE CIENCIAS PEDAGÓGICAS
"JOSÉ DE LA LUZ Y CABALLERO"

ACTIVIDADES A TRAVÉS DEL PROCESADOR DE TEXTO MICROSOFT WORD PARA FAVORECER EL APRENDIZAJE DE LOS ESTUDIANTES DE DÉCIMO GRADO DEL CENTRO MIXTO "ALFREDO CORCHO CINTA" EN LA UNIDAD 1: PROFUNDIZACIÓN DEL SISTEMA OPERATIVO DE LA ASIGNATURA INFORMÁTICA.

AUTOR: REYMER GUEVARA MORALES

DEPARTAMENTO DE CIENCIAS EXACTAS

FACULTAD DE CIENCIAS

HOLGUÍN
CURSO: 2010-2011

UNIVERSIDAD DE CIENCIAS PEDAGÓGICAS
"JOSÉ DE LA LUZ Y CABALLERO"

MICROUNIVERSIDAD
"ALFREDO CORCHO CINTA"
CONSEJO POPULAR #8

ACTIVIDADES A TRAVÉS DEL PROCESADOR DE TEXTO MICROSOFT WORD PARA FAVORECER EL APRENDIZAJE DE LOS ESTUDIANTES DE DÉCIMO GRADO DEL CENTRO MIXTO "ALFREDO CORCHO CINTA" EN LA UNIDAD 1: PROFUNDIZACIÓN DEL SISTEMA OPERATIVO DE LA ASIGNATURA INFORMÁTICA.

TRABAJO DE DIPLOMA PRESENTADO EN OPCIÓN AL TÍTULO DE LICENCIADO EN EDUCACIÓN DE LA ESPACIALIDAD DE CIENCIAS EXACTAS

AUTOR: REYMER GUEVARA MORALES

DEPARTAMENTO DE CIENCIAS EXACTAS
FACULTAD DE CIENCIAS

CACOCUM
CURSO: 2010-2011

PENSAMIENTO

"Creo que el Socialismo va a ser muy difícil de construir plenamente sin la Computación, porque la necesita todavía más que la sociedad capitalista, y la sociedad capitalista no podría vivir sin la Computación. Hablamos de eso porque tenemos que apoderarnos de esas técnicas, como de la Electrónica, la Biotecnología, la Automatización y otras técnicas avanzadas".

Fidel Castro Ruz

(Discurso del 5 de abril de 1987)

AGRADECIMIENTOS

A mi tutor, el MSc. Osmany Aguilera Almaguer por su influencia constante en mis decisiones, su confianza y su crítica profunda.

A mis padres y mi hermano, quienes me estimularon en cada momento para llegar al final y por su ayuda decisiva e incondicional.

A todos mis profesores de la Universidad de Ciencias Pedagógicas de Holguín "José de la Luz y Caballero", en especial a los que propiciaron mi preparación para la realización de este trabajo.

A todos los que contribuyeron con su tiempo y esfuerzo, a los amigos que me ayudaron con sus ideas y experiencias compartidas.

A todos, gracias.

DEDICATORIA

Dedico este trabajo de diploma:

✓   A mis padres, mi hermano y demás familiares.

✓   A mis amigos, compañeros de estudio y de trabajo.

✓   A nuestros maestros y profesores que han forjado nuestra Revolución.

✓   A nuestra Revolución y a nuestro Comandante en Jefe, al compañero Raúl por darme la oportunidad de formarme como maestro.

✓   A todas aquellas personas que de un modo u otro han contribuido con la realización de esta investigación.

✓   A todos los que me han hecho crecer; a quienes debo lo que soy.

A todos, gracias.

RESUMEN

Con la concepción de un nuevo programa de estudios para la Educación Preuniversitaria en la asignatura Informática que se basa en el encargo social a la Educación para propiciar la formación y preparación de las nuevas generaciones para vivir, trabajar y desarrollarse en el seno de la sociedad contemporánea, surge la necesidad de investigar un conjunto de problemas inherentes a la Informática Educativa, rama en la que se realizan diversas investigaciones y que constituye una de las novedades más significativas de nuestros tiempos.

El presente trabajo es un modesto aporte al enriquecimiento de la Didáctica de la Informática. El objeto de estudio se basa en la implementación del procesador de texto Microsoft Word para favorecer el aprendizaje de los estudiantes de décimo grado de la Educación Preuniversitaria, en la unidad 1: Profundización del Sistema Operativo de la asignatura Informática.

La investigación lógica asumida en la solución de las actividades propuestas se posibilita mediante la aplicación de métodos de investigación como: histórico-lógico, análisis-síntesis, inducción-deducción, observación, entrevistas, encuestas, pruebas pedagógicas de entrada y de salida, así como el cálculo porcentual.

Los resultados en la aplicación de las actividades fueron satisfactorios y posibilitaron el cumplimiento del objetivo propuesto y elevar el nivel de aprendizaje de los estudiantes de décimo grado del Centro Mixto "Alfredo Corcho Cinta".

ÍNDICE

INTRODUCCIÓN

Los estudios preuniversitarios transcurren en momentos cruciales de la vida del estudiante: el período de tránsito de la adolescencia hacia la juventud. Es en esta etapa en la que se alcanza la madurez relativa de ciertos rasgos psicológicos de la personalidad. Su actividad intelectual se caracteriza por el predominio del razonamiento y el pensamiento independiente y creador.

Cuando se dirige el aprendizaje teniendo en cuenta las particularidades del pensamiento en esta etapa, el estudio exhorta al alumno a desarrollar su iniciativa en la búsqueda y transferencia de nuevos conocimientos, así promueve su necesidad de crear, de modo que el estudio se convierte en una responsabilidad de la que no puede prescindir.

Al abordar el proceso de adquisición de conocimientos en este nivel es imprescindible destacar el lugar que en él ocupa la asignatura Informática. Es aquí donde se debe alcanzar la plena capacidad de comprender y asimilar conocimientos y se impone consolidar el cambio de lo que ya se dominó.

Por lo tanto el reto de los centros educacionales y, en particular, desde la Educación Preuniversitaria radica en prepararse como institución social y formar a sus estudiantes en correspondencia con las transformaciones derivadas del desarrollo científico-técnico y las aplicaciones tecnológicas, para lograr que los cambios se asuman de manera rápida y efectiva, con un mínimo en gasto de recursos humanos y materiales.

Dentro del ámbito educativo puede observarse que la mayor parte de los contenidos que cursan los adolescentes revelan insuficiencias en el aprendizaje de la Informática y que, a diferencia de edades anteriores, el dominio de esta tiene mayor relevancia a medida que se asciende en el nivel académico. Ello obedece en gran parte, a que esta materia es muy poca utilizada por los estudiantes en la solución de problemas.

En el estudio que se realizó se evidencia que el problema del aprendizaje de la Informática es uno de los más urgentes y serios que afronta la Educación Preuniversitaria. A través de las visitas realizadas por la Dirección Provincial de Educación y la Dirección Municipal de Educación, así como en observaciones a clases se pudo evidenciar que más del 70% de los estudiantes no están aptos para recurrir al Sistema Operativo y a las Aplicaciones Informáticas para darle solución a muchos de sus problemas de aprendizaje.

Con el surgimiento de la Informática se desarrollan los procesadores de texto, que es una herramienta que procesa textos por lo que se puede utilizar en los procesos de razonamiento. Dentro de estos podemos encontrar a Microsoft Word, que es un potente procesador de texto que se puede utilizar para crear, modificar y dar formato de manera eficiente a cualquier documento.

A pesar de su importancia se observa un desequilibrio entre lo que se espera de su uso frecuente, aunque muchos docentes reconocen que les falta preparación para hacerse cargo de enseñar con el procesador de texto según lo que se establece en el programa. Esta situación demanda la prioridad de fortalecer el trabajo metodológico sobre la base de la aspiración que tiene la escuela en este sentido.

En la actualidad los procesadores de texto, en especial Microsoft Word, se considera una herramienta de interés prioritaria, razón por la que algunos autores internacionales y nacionales han hecho investigaciones relacionada con esta problemática, para destacar tenemos a: Gener Navarro (1995), Córdova Llorca, M. (1999), Puig Silvia (2003), Sam Williams (2006), entre otros aportes que cristalizan diversos modelos que detallan los procesos y estrategias inherentes a la utilización del procesador de texto Microsoft Word para favorecer el aprendizaje de los estudiantes.

Cuba, como parte de este mundo cada vez en desequilibrio, no puede sustraerse a este reto. En el país se inició un programa para la introducción de la Informática de forma masiva en todas las enseñanzas, por lo que se impuso la necesidad de la formación regular del personal docente capaz de asumir la dirección del proceso de enseñanza-aprendizaje de está disciplina, es decir, capacitar a los profesores de Computación con los conocimientos necesarios para derivar los objetivos de las clases a partir de los objetivos del programa, seleccionar los contenidos, los métodos, los medios, las formas de evaluación del contenido y la organización del proceso; de modo que puedan planificar y ejecutar la dirección del proceso de enseñanza-aprendizaje de esta asignatura.

Hoy en día, contamos con profesores que se capacitan para dirigir el proceso de enseñanza-aprendizaje de la Informática y con alumnos que participan de forma consciente en el mismo no como sujetos pasivos, sino como entes activos, personas necesitadas de adquirir los conocimientos, desarrollar las habilidades y capacidades que los forme en correspondencia con las exigencias de la sociedad en que han de vivir.

Teniendo en cuenta lo antes dicho se impuso un cambio en el programa de estudios de Computación para la Enseñanza Preuniversitaria, el cual se encamina al uso del Sistema Operativo y los Sistemas de Aplicación; este se implantó en los preuniversitarios a partir del curso 98/99.

A partir de la revolución educacional, en la etapa 1998-2000 se reciben en los preuniversitarios nuevas computadoras con el Sistema Operativo Microsoft Windows, que contaban con un disco duro de 4 a 10 GB, 68 MB de memoria RAM y un monitor con tarjeta VGA. Esta nueva tecnología también se introduce en el Centro Mixto "Alfredo Corcho Cinta", el cual cuenta con un laboratorio de computación con 12 computadoras, todas ellas disponen de una colección de software que satisface en gran medida la búsqueda de información por parte de profesores y estudiantes.

En este centro educacional se evidenció que en la práctica pedagógica se manifiestan dificultades, las cuales se confirmaron no solo por la experiencia formativa del autor, sino en una investigación preliminar exploratoria por medio de la observación a clases, encuesta y análisis de documentos, la cual arrojó las siguientes insuficiencias:

• Baja motivación hacia el aprendizaje de los conceptos y procedimientos para el trabajo con el procesador de texto Microsoft Word.

• No se cuenta con actividades diseñadas a través del procesador de texto Microsoft Word que favorezcan el aprendizaje de los estudiantes en los contenidos de más difícil comprensión.

• Bajo nivel de desarrollo de habilidades de los estudiantes en los contenidos fundamentales de Informática.

• Existen limitaciones con la bibliografía variada que le permitan a los estudiantes desarrollar habilidades investigativas.

Para los estudiantes de décimo grado del Centro Mixto "Alfredo Corcho Cinta", las anteriores insuficiencias originaron una **contradicción externa** entre el poco aprovechamiento que brinda el procesador de texto Microsoft Word y la necesidad de favorecer el aprendizaje de los estudiantes de décimo grado en la unidad 1: Profundización del Sistema Operativo de la asignatura Informática.

A tenor de lo anterior, la presente investigación asume como **problema de investigación:** ¿Cómo utilizar el procesador de texto Microsoft Word para favorecer el aprendizaje de los estudiantes de décimo grado en la unidad 1: Profundización del Sistema Operativo de la asignatura Informática?

El **objeto de investigación** se enfrasca en proceso de enseñanza aprendizaje de la Informática.

Para dar solución al problema, el **objetivo de investigación** es: Elaborar actividades a través del procesador de texto Microsoft Word para favorecer el aprendizaje de los estudiantes de décimo grado en la unidad 1: Profundización del Sistema Operativo de la asignatura Informática.

El campo de investigación, se refiere a la Profundización del Sistema Operativo.

Alcanzar este objetivo presupone dar respuesta a las siguientes **preguntas científicas:**

1- ¿Qué fundamentos teóricos y metodológicos sustentan el uso del procesador de texto Microsoft Word?

2- ¿Cómo diagnosticar el aprendizaje de los estudiantes de décimo grado en la unidad 1: Profundización del Sistema Operativo de la asignatura Informática?

3- ¿Qué actividades utilizar a través del procesador de texto Microsoft Word para favorecer el aprendizaje de los estudiantes de décimo grado en la unidad 1: Profundización del Sistema Operativo de la asignatura Informática?

4- ¿Cómo constatar la factibilidad de las actividades a utilizar a través del procesador de texto Microsoft Word para favorecer el aprendizaje de los estudiantes de décimo grado en la unidad 1: Profundización del Sistema Operativo de la asignatura Informática?

Para darle un seguimiento a las preguntas científicas es necesario realizar las siguientes *tareas de investigación:*

1- Determinar los fundamentos teóricos y metodológicos que sustentan el uso del procesador de texto Microsoft Word.

2- Diagnosticar el aprendizaje de los estudiantes de décimo grado en la unidad 1: Profundización del Sistema Operativo de la asignatura Informática.

3- Elaborar actividades a través del procesador de texto Microsoft Word para favorecer el aprendizaje de los estudiantes de décimo grado en la unidad 1: Profundización del Sistema Operativo de la asignatura Informática.

4- Constatar la factibilidad de las actividades utilizadas a través del procesador de texto Microsoft Word para favorecer el aprendizaje de los estudiantes de décimo grado en la unidad 1: Profundización del Sistema Operativo de la asignatura Informática.

En el trabajo se utilizaron los siguientes *métodos de investigación:*

Métodos del nivel teórico

Histórico y lógico: con el fin de profundizar en el surgimiento, desarrollo y las tendencias actuales del procesador de texto Microsoft Word.

Análisis y síntesis: con el propósito de determinar los procedimientos básicos comunes en el procesador de texto Microsoft Word.

Inductivo y deductivo: para determinar el estado actual del problema y sus posibles causas.

Métodos del nivel empírico

La observación (externa, abierta, participante, directa): se utilizó como vía de constatación de las actividades propuestas desde la etapa de aprestamiento hasta mediados de la etapa de adquisición de conocimientos a través de su aplicación en las clases.

Revisión de documentos: concedió la búsqueda gradual de documentos científicos y normativos que se relacionan con la problemática a investigar para fundamentar y cientificar el uso del procesador de texto Microsoft Word desde el punto de vista teórico metodológico para favorecer el aprendizaje de los estudiantes de décimo grado en la unidad 1: Profundización del Sistema Operativo de la asignatura Informática.

Entrevistas: se aplicaron a docentes para diagnosticar el estado actual del aprendizaje de los estudiantes de décimo grado al culminar la unidad 1: Profundización del Sistema Operativo del programa de estudio de la asignatura Informática a través del uso del procesador de texto Microsoft Word.

Encuestas: se aplicaron a estudiantes de la escuela para ver si tienen conocimiento de la utilización del procesador texto Microsoft Word para favorecer el aprendizaje en la unidad 1: Profundización del Sistema Operativo. Estas a su vez posibilitaron obtener información acerca de la etapa actual del problema.

Pruebas pedagógicas (de entrada y de salida): se aplicaron con el objetivo de constatar la situación inicial de los estudiantes en el desarrollo del aprendizaje en la unidad 1: Profundización del Sistema Operativo, así como diagnosticar el nivel de habilidades obtenidas.

Análisis matemático - estadístico

Cálculo porcentual: intervino en la determinación de la muestra a estudiar, así como en el procesamiento de la información recopilada y facilitó de este modo las generalizaciones e interpretaciones que deben hacerse a partir de los datos.

Para el trabajo se utilizó una población de 51 estudiantes de décimo grado del Centro Mixto "Alfredo Corcho Cinta" que cuenta con dos grupos, para ello se empleó una muestra de 20 estudiantes que se seleccionaron al azar, lo que representa el 39,2% con respecto a la población.

El *aporte* del trabajo es dado en actividades a través del procesador de texto Microsoft Word para favorecer el aprendizaje de los estudiantes de décimo grado del Centro Mixto "Alfredo Corcho Cinta" en la unidad 1: Profundización del Sistema Operativo de la asignatura Informática.

EPÍGRAFE NO. I. FUNDAMENTOS TEÓRICOS Y METODOLÓGICOS QUE SUSTENTAN EL USO DEL PROCESADOR DE TEXTO MICROSOFT WORD.

1.1- Historia del surgimiento del procesador de texto Microsoft Word.

El desarrollo de las formas primitivas de comunicación humana trajo como consecuencia el surgimiento del lenguaje oral, producto de la necesidad del intercambio de las experiencias adquiridas en las relaciones de trabajo. Sin embargo, el hombre primitivo sintió también preocupación por representar sus pensamientos de forma escrita. Comenzó por dibujar los objetos que identificaban los acontecimientos cuya memoria quería conservar. Luego representó lo que significan estos objetos por medio de figuras o símbolos.

Paralelo a este desarrollo aparecieron diferentes signos gráficos que se destinan a evocar ideas, conocidos con el nombre de jeroglíficos. Toda esta representación ideográfica no fue más que un conjunto supuesto de ideas mediante imágenes objetivas, pero estas figuras son simbólicas, con un contenido conceptual de tipo metafórico. Este sistema ideográfico se transformó en escritura silábica. En el año 895 (a.n.e) los fenicios inventaron el alfabeto, hecho que marcó el inicio de la historia de la escritura alfabética.

Diferentes medios y herramientas, naturales o inventadas por el hombre, se utilizaron para realizar los primeros dibujos o la representación de sílabas y letras, asentándolos en piedras o cavernas. Más tarde, el papiro resultó ser el soporte de sus representaciones ideales, medio que se utiliza aún después de la invención del papel.

En los comienzos del siglo XVIII, en Inglaterra, se inventó la máquina de escribir, la que se perfeccionó y popularizó en el año 1872. Luego se llegó a construir la máquina de escribir eléctrica. Desde entonces, se contó con un poderoso medio para la representación escrita, que supervivió hasta nuestros días.

En el siglo XX, con el surgimiento y desarrollo de los ordenadores, las máquinas de escribir eléctricas se perfeccionaron, dotándolas de memoria interna para el almacenaje de textos. Por otra parte, los programadores de ordenadores, con el objetivo esencial de utilizar estos modernos equipos en la solución de diferentes tipos de problemas, se volcaron de inmediato a la concepción y diseño de programas capaces de procesar textos. Con el surgimiento y desarrollo de los programas automatizados para el procesamiento de textos, se logró un acercamiento a la máquina de escribir ideal, aparejado a esta tecnología surgen los procesadores de texto.

Los procesadores de texto son programas (o conjunto de ellos) que permiten, como funciones básicas, la creación, corrección, modificación, e impresión de documentos y su almacenamiento en formato digital. (1) Los procesadores de texto usan diferentes formatos para representar la información. Por esta razón, un texto que se genera en un procesador de texto se debe convertir al formato que lo reconozca otro procesador para poder ser leído, tarea que se facilita por su condición de documento digitalizado. La familia de los procesadores de texto es numerosa. Tenemos, por ejemplos, procesadores de texto muy conocidos como WordStar, Chiwriter, EasyWord, WordPerfect, entre otros. Muchos representantes de esta familia ya tienen su versión en Windows, unos como aplicaciones independientes y otros como parte de paquetes integrados. El más popular de todos es Microsoft Word.

Con cualquiera de los representantes de esta familia se puede dar respuesta a los diferentes problemas que surgen ante la necesidad de crear un documento, puesto que las posibilidades para el tratamiento de textos son inherentes a todos y cada uno de ellos. Desde luego, en la misma medida que el problema que se plantea tenga mayores exigencias, tendremos que recurrir a un procesador de texto con mayores recursos. En la actualidad, para la creación de documentos se considera importante la inclusión de objetos diversos no textuales que aporten más a la información que se desea trasmitir.

Este procesador de texto, al igual que las restantes aplicaciones de Office y Windows en general, está en constante renovación, por lo que se puede disponer durante su utilización de los recursos más modernos en el procesamiento automatizado de textos.

En nuestro trabajo hacemos referencia al procesador que se convirtió en el más popular de todos, nos referimos a Microsoft Word. Este es un software que se destina al procesamiento de textos y lo creó la empresa Microsoft, en la actualidad viene integrado

---

(1) GENER NAVARRO, ENRIQUE J. Metodología de la enseñanza de la Computación. – La Habana: Departamento de Computación del Instituto Superior Pedagógico "Enrique José Varona", 1995. p-56.

8

en la suite ofimática Microsoft Office. Este lo desarrolló Richard Brodie para el computador de IBM bajo sistema operativo DOS en 1983. Se crearon versiones posteriores para Apple Macintosh en 1984 y para Microsoft Windows en 1989 y son para esta última plataforma las versiones más difundidas en la actualidad. (2)

Word posee una posición dominante en el mercado de los procesadores de texto. Su formato propietario DOC, el cual se considera un estándar de facto, aunque en su más reciente versión, Word 2007 que utiliza un nuevo formato que se basa en XML al cual llamaron DOCX, pero también tiene la capacidad de guardar y abrir documentos en el formato DOC. Word está también se incluye en algunas versiones de Microsoft Works. Está disponible para las plataformas Microsoft Windows y MacOS.

La primera versión de Word, liberada en 1983, fue para el sistema operativo MS-DOS y tuvo la distinción de introducir en el uso del mouse a una gran cantidad de personas. Word 1.0 se podía comprar con un mouse, aunque era opcional. La siguiente primavera, Apple lanzó el Mac, y Microsoft desarrolló Word para Mac, el cual se convirtió en la aplicación más popular para este sistema. Requería (como todas las aplicaciones para Mac) la utilización de un ratón.

La primera versión de Microsoft Word fue desarrollada por Charles Simonyi y Richard Brodie, dos ex-programadores de Xerox que los contrataron en 1981 por Bill Gates y Paul Allen. Estos programadores trabajaron en Xerox Bravo, que fuera el primer procesador de texto que se desarrolló bajo la técnica WYSIWYG ("What You See Is What You Get"); es decir el usuario podía ver en pantalla el formato final que aparecería en el impreso del documento. Esta primera versión, Word 1.0, salió al mercado en octubre de 1983 para plataforma Xenix MS-DOS; en principio fue rudimentario y le siguieron otras cuatro versiones muy similares que no produjeron casi impacto en las ventas a usuarios finales.

La primera versión de Word para Windows salió en el año 1989, que si bien en un entorno gráfico resultó bastante más fácil de operar, tampoco permitió que las ventas se incrementaran con mayor facilidad. Cuando se lanzó al mercado Windows 3.0, en 1990,

---

(2) «2007 Microsoft Office suites». Microsoft.

se produjo el real despegue. A Word 1.0 le sucedieron Word 2.0 en 1991, Word 6.0 en 1993. El posterior salto en los números de versión se introdujo a fin de que coincidiera con la numeración de la versión de Windows, tal como fue Word 95 y Word 97. Con la salida del Windows 2000 (1999) también surgió la versión homóloga de Word.

La versión Word 2002 emergió en la misma época que el paquete Microsoft Office XP, en el año 2001. Un año después le siguió la versión Microsoft Word 2003. Luego se presentó Microsoft Word 2007 junto con el resto de las aplicaciones del paquete Office 2007, en esta versión, Microsoft marcó un nuevo cambio en la historia de las aplicaciones office, presenta la nueva interfaz Ribbons más sencilla e intuitiva que las anteriores (aunque muy criticada por usuarios acostumbrados a las versiones anteriores). La versión más reciente lanzada al mercado es Microsoft Word 2010, en el mismo año en el que salió el sistema Microsoft Windows 7.

Microsoft Word es el procesador de texto más popular del mercado. Es un potentísimo software que se desarrolló para el entorno Windows y es la herramienta más intuitiva y profesional para el tratamiento y presentación de la información. Microsoft lleva varios años actualizando su procesador de texto Word, por lo tanto existen varias versiones del mismo. Su misión fundamental es ayudarle a escribir, revisar, dar formato e imprimir documentos. A partir de este objetivo, Word ofrece un conjunto de funciones que le permiten crear cualquier documento que pueda imaginar. Puede producir cartas, informes, boletines, ensayos, folletos e incluso puede crear correos electrónicos o diseñar páginas Web.

En sus inicios, MS Word tardó más de 5 años en lograr el éxito en un mercado en el que se usaba el MS-DOS, y cuando otros programas, como Corel WordPerfect, eran los que más se utilizaban y los más populares.

Microsoft Word es en el 2009 líder absoluto en ese sector del mercado, cuenta con alrededor de 500 millones de usuarios (cifras de 2008); (3) y si bien ya cumplió sus 25 años, (4) continúa su liderazgo; pero ya los procesadores de texto que se basan en la red y las soluciones de código abierto comenzaron a ganarle terreno.

---

(3) «El popular Word de Microsoft cumple 25 años». Diario de Cuyo - San Juan. Consultado el Oct-27-2008.
(4) Continuar trabajando en otras de las situaciones típicas que se dan en el proceso de enseñanza-aprendizaje de los procesadores de textos.

El 11 de agosto de 2009, el juez Leonard Davis de la Corte Federal de los EE.UU. en el Distrito Este de Texas, División Tyler, emitió una orden judicial por la que debe ponerse en práctica dentro de 60 días la prohibición de la venta de Microsoft Word en los Estados Unidos, (5) después de aceptar las reclamaciones que Microsoft infringió de forma deliberada la patente EE.UU. 5787449 en poder de la empresa canadiense i4i con base en Toronto que describe la utilidad de la estructura de la edición por separado (por ejemplo, SGML, XML) y el contenido de los documentos de Microsoft Word, de otra forma fue implementada en 1998, en editor de i4i XML add-on para Microsoft Word con el nombre S4. (6)

A raíz de la anterior situación, el juez Davis también ordenó a Microsoft pagar a i4i 40 millones dólares de daños mayores por infracción deliberada así como otros gastos, una sentencia en adición a la sentencia de 200 millones dólares contra Microsoft en marzo de 2009. (7) Ultrajes de Patentes se han interpuesto en los tribunales del Distrito Este de Texas, como se conoció por favorecer a los demandantes y por su experiencia en casos de patentes. (8) Antes de entrar en la escuela de leyes en 1974, el juez Davis trabajó como programador de computadoras y analista de sistemas. (9)

Microsoft presentó una propuesta de emergencia en la que pidió la suspensión de esa decisión. En su petición, la empresa afirma que es "gastar un enorme capital humano y financiero para hacer su mejor esfuerzo para cumplir con el plazo del tribunal de distrito de 60 días". Además de que la alegación de las patentes en el corazón de esta cuestión, fue rechazada por la Oficina de Patentes de EE.UU. tras un nuevo examen de la patente. (10)

---

(5) «25 años de Microsoft Word». Barrapunto.com. Consultado el Dic-16-2008.
(6) Judge bans Microsoft Word sales. 12-08-2009. http://news.bbc.co.uk/2/hi/technology/8197990.stm. Consultado el 12-08-2009.
(7) Infrastructures for Information/Grif. 05-07-1998. http://www.xml.com/pub/a/SeyboldReport/ipx980607.html. Consultado el 12-08-2009.
(8) http://blog.seattlepi.com/microsoft/library/20090811i4iinjunction.pdf Copy of injunction against Microsoft.
Sam Williams (6 de febrero de 2006). A Haven for Patent Pirates. Technology Review. http://www.technologyreview.com/InfoTech-Software/wtr_16280,300,p1.html. Consultado el 07-07-2007.
(9) Sam Williams (6 de febrero de 2006). A Haven for Patent Pirates. Technology Review. http://www.technologyreview.com/InfoTech-Software/wtr_16280,300,p1.html. Consultado el 07-07-2007.

(10) Biography of Judge Leonard Davis. «Microsoft asks for stay of Word injunction». cnet.com (18-08-2009).

1.2- Formatos de archivos procesados en Microsoft Word.

Los archivos procesados en Microsoft Word derivan los formatos:

1- *Formato DOC:* es un formato nativo cerrado que se utiliza mucho, al cual llaman DOC (utiliza la extensión de archivo .doc). Por la amplísima difusión del Microsoft Word, este formato se convirtió en estándar de facto con el que pueden transferirse textos con formato o sin formato, o hasta imágenes y lo prefieren muchos usuarios antes que otras opciones como el texto plano para el texto sin formato, o JPG para gráficos; sin embargo, este formato posee la desventaja de tener un mayor tamaño en comparación con algunos otros. Por otro lado, la Organización Internacional para la Estandarización eligió el formato OpenDocument como estándar para el intercambio de textos con formato, lo cual ha supuesto una desventaja para el formato .doc.

2- *Formato DOCX:* Es propio de la versión Microsoft Word 2007. Es más avanzado y comprime aún más el documento. Puede instalarse un complemento para abrir documentos creados en Office 2007 desde versiones de Office anteriores, disponible desde la página de Microsoft.

3- *Formato RTF:* El formato RTF (siglas en inglés para Rich Text Format o 'Formato de texto enriquecido') surgió como acuerdo para intercambio de datos entre Microsoft y Apple en los tiempos en que Apple dominaba el mercado de los computadores personales. Las primeras versiones del formato .doc de Word derivaban del RTF. Incluso ahora hay programas de Microsoft, tal como WordPad, que usan el RTF como formato nativo. El documento en formato RTF tiene extensión .rtf.

El *RTF* es un formato de texto compatible, en el sentido que puede ser migrado desde y hacia cualquier versión de Word, e incluso hacia otros procesadores de texto y de aplicaciones programadas. También se usa por Word para importar y exportar a formatos implementados por DLLs. Puede considerársele un segundo formato nativo.

Este constituye una forma particular para dar formato a un texto y salvar las diferencias, como lo puede ser HTML o Tex al insertar códigos particulares entre el texto. No se usa inclusión de comandos y controles en el documento como se hace en el formato DOC, que pueden inhabilitar a otras aplicaciones o procesadores al abrirlos. Para observar cómo un documento está formateado en RTF se abre el archivo con cualquier editor de textos de formato ASCII, por ejemplo con el Bloc de notas de Windows.

4- *Otros formatos que asimila Microsoft Word.*

Word tiene un mecanismo similar al de los plug-ins para entender otros formatos. Se desarrolló en los tiempos en que Word Perfect era el estándar de facto para quitarle cuota de mercado. Se basa en instalar una librería dinámica o DLL para implementar el formato.

Microsoft incluso publicó un Converter SDK (Software Development Kit) para permitir a los usuarios de Word 6.0 que escribieran soporte para formatos no soportados. Ahora que Microsoft es el estándar de facto este SDK ya no resulta interesante para Microsoft y se encuentra abandonado. Se puede descargar de la página web de Microsoft, pero sólo hace referencia a Word 6.0 y Word 95.

1.3- Alternativas abiertas de Microsoft Word.

La comunidad de software libre desarrolló varias aplicaciones alternativas a Microsoft Word y a otros programas de Microsoft Office, con el propósito de ofrecer opciones, económicas, compatibles y abiertas para dichos programas propietarios. Tales alternativas suelen ser capaces de visualizar, crear (o exportar) y editar documentos nativos de Microsoft Word. Otras opciones sólo tienen la posibilidad de ofrecer estas compatibilidades a través de extensiones.

Podemos encontrar varias soluciones libres para procesamiento de textos, frente a Microsoft Word, tales como: Abiword, OpenOffice.org Writer, KWord y LyX. Existen también aplicaciones gratuitas en línea (no libres), tienen similares características pero operan dentro de un entorno web; entre ellas Zoho Writer y Google Docs.

1.4- Concepciones teóricas y metodológicas sobre el aprendizaje.

El proceso pedagógico, como proceso de dirección de las influencias pedagógicas que se dan en las relaciones profesor-alumno, incluye la apropiación por los estudiantes de la experiencia histórico-social que la humanidad atesora en su decursar. La apropiación de dicha experiencia es lo que en líneas generales podemos considerar aprendizaje, sin pretender de este modo, dar una definición del mismo.

El aprendizaje ha sido uno de los objetos de estudio y reflexión de la Psicología y la Pedagogía en todos los tiempos y muchas concepciones acerca del mismo existen e influyen de modo particular en la forma de apreciar y dirigir el proceso pedagógico. En la actualidad existen varias concepciones acerca del aprendizaje, que no aparecen como elementos aislados o separados, sino en una tendencia de fusión y acomodación. Entre ellas se encuentran:

1. Concepción conductista.
2. Concepción cognitivista.
3. Concepción constructivista.
4. Concepción humanista.
5. Concepción histórico-cultural.

Es necesario aclarar, que todas ellas tuvieron un desarrollo histórico y en muchas ocasiones, sufrieron cambios en relación con los planteamientos que hacían de forma original. Hay algunas que surgieron a principios de siglo, hay otras más jóvenes. A tal efecto, haremos a continuación un breve esbozo de cada una de ellas, con el fin de señalar sus elementos esenciales y característicos.

1.4.1- Concepción conductista.

Surgió a principios del Siglo XX en los Estados Unidos en oposición a las concepciones de la Psicología Subjetiva idealista cuyo objeto de estudio eran los fenómenos de la conciencia. También se le llamó asociacionismo, el cual plantea que el aprendizaje ocurre por asociaciones estímulo-respuesta. Considera que lo fundamental es la conducta del hombre que es lo que puede ser observable, lo que el hombre piensa o siente no puede estudiarse con objetividad y por lo tanto no es posible demostrar su existencia. Para el conductismo, el aprendizaje está en función del resultado, de la actividad con los objetos. Mientras más y mejores respuestas se puedan dar a los estímulos que se reciben, mejor será el aprendizaje.

El aprendizaje, bajo esta concepción, se desarrolla por ensayo-error. El sujeto que aprende busca la respuesta más adecuada dentro del conjunto de respuestas posibles, mediante ensayos sucesivos, lo que hace más lento el aprendizaje. Al centrar la atención en la conducta, este modelo propició la elaboración de objetivos o fines muy orientadores con relación a lo que se pretendía lograr en el curso del aprendizaje.

El conductismo considera que para la formación y consolidación de la relación estímulo-respuesta, debe producirse un fortalecimiento continuo de dicha relación, que se refuerza si es acompañada de una situación de recompensa, lo que amplía el aprendizaje; debe producirse también una ejercitación o repetición de la actividad y las condiciones en las cuales se desarrolla el aprendizaje que deben ser de satisfacción lo que lo impulsaría a aprender.

La tarea del maestro es favorecer el reforzamiento de la conexión estímulo-respuesta, la ejercitación y las condiciones favorables para el aprendizaje. Para lograr esto, el conductismo plantea que los pasos que se van dando en el aprendizaje deben ser simples, de modo que se cometan los menos errores posibles. Plantea que la enseñanza debe ser fácil para que asegure desde el principio el cumplimiento correcto de las reacciones trazadas.

Esta concepción tiene una fuerte influencia en la enseñanza en la actualidad; en ella tiene uno de sus fundamentos la tecnología educativa y diferentes modelos de aprendizaje que proponen un enfoque objetivo y utilizan programas de enseñanza que se orientan hacia el resultado y no hacia el proceso de asimilación.

1.4.2- Concepción cognitivista.

En oposición al conductismo, surge en la década del 40 del presente siglo, el cognitivismo o Psicología Cognitiva que plantea que el hombre es una persona inteligente, que tiene acceso en términos de conocimiento al mundo y que el proceso de apropiación de conocimientos y habilidades se puede estudiar. Para los cognitivistas, el sujeto que aprende actúa como un procesador de información, como una máquina que se aproxima a la información. Es decir, el sujeto que aprende como procesador de información: recibe, procesa, almacena información y puede utilizarla después.

El cognitivismo desplaza el interés de la conducta a la cognición, del resultado al proceso. Se interesa por los conocimientos, sus tipos, cantidad, formas en que estos se utilizan, se conectan, se modifican. Enfatiza en el conocimiento de las estructuras que permiten aprender, estructuras cognitivas, formadas en los alumnos, y la significación que ellas tienen para los mismos. En el proceso de conocimiento del mundo, el hombre trabaja con estructuras cognitivas que le sirven para interpretar el mundo, entenderlo, teorizarlo, pronosticarlo. Estas estructuras no son inmóviles, sino que son movibles, flexibles, pueden llenarse de variables.

El cognitivismo explica como la actuación del hombre no es tan simple como el conductismo plantea, sino que es compleja y en ella se produce un proceso de asimilación y utilización de información. Al considerar el aprendizaje como un procesamiento de información, presta poca atención a los aspectos afectivos, sin tener en cuenta el papel de los motivos en el aprendizaje.

1.4.3- Concepción constructivista.

Para el constructivismo, el conocimiento, el aprendizaje y la vida de las personas, su existencia, son actos de construcción personal. El constructivismo inicial, plantea que las estructuras cognitivas del hombre son construcciones personales que el niño elabora en su comercio natural con el mundo. La aproximación al conocimiento del mundo, la realiza el sujeto y al partir de sus posibilidades no recibe influencia externa, es decir la realiza él y nadie más. Aquí hay elementos de espontaneísmo que fueron muy criticados en el constructivismo inicial, pues si esto era así, estas estructuras cognitivas no podían ser alteradas por los procesos de aprendizaje y en ello, la enseñanza y la educación no tendrían cabida.

En la actualidad, los constructivistas reconocen que el hombre construye una disposición para conocer el mundo, una actitud hacia el conocimiento con el fin de construir el mundo. Esto introduce un lugar que determina a la enseñanza y la educación. En el proceso de construcción personal que es el aprendizaje, se producen procesos de asimilación y acomodación. Cuando uno aprende, filtra este por sus características y este ajuste, queda como experiencia en el sujeto.

El constructivismo actual, reconoce que el hombre construye el mundo a partir de su mundo de significaciones (intereses, necesidades, puntos de vista, etc.) y que para construir el mundo, (es decir conocerlo) primero hay que construir su mundo de significaciones.

16

En este sentido para el constructivismo, nadie ocupa el lugar del alumno, sino que él a partir de construir significados, se interrelaciona con el medio, se ajusta al consenso grupal y emerge un significado que se ajusta y pasa por la representación individual. El constructivismo es hoy en día, un enfoque o visión del mundo, es decir hay aproximaciones constructivistas a la cultura, a la historia, la economía, etc. y es una de las concepciones más fuertes en América Latina en la actualidad.

1.4.4- Concepción humanista.

Corriente con mucho desarrollo en la actualidad. Plantea la existencia en todos los seres humanos de una necesidad de desarrollo personal, y una capacidad latente o manifiesta de comprenderse a sí mismo y de resolver sus problemas de modo suficiente para lograr la satisfacción y la eficacia necesaria a un funcionamiento correcto de la persona. El sujeto debe sentirse libre de reaccionar y de elaborar su experiencia y sus sentimientos personales como él cree que debe hacerlo. Debe buscar su naturaleza intrínseca que es sutil, no es necesario que sea consciente pero que ha de ser buscada y descubierta, desarrollada, ilustrada y educada.

Es decir, para el humanismo, aprender es crecer como persona, tener una persona abierta, particular, ser auténtico, aceptarse como es, autoestimarse. Ser autorrealizado, conocerse a sí mismo y entonces poder conocer el mundo y las relaciones con los demás. Un autoconcepto positivo posibilita a la persona ser creativo, capaz de esforzarse, salir fuera de su entorno, hacer uso del mundo, con posibilidades de obtener mejores respuestas.

Para el humanismo la tarea del profesor es ayudar al alumno a buscar lo que tiene. La misión de la educación es descubrir esa identidad que presupone un autodescubrimiento, una autoaceptación, un hacerse a sí mismo, descubrir lo que uno tiene de común y de único. Aquí hay una imagen distinta del profesor, él es más receptivo que impositivo, debe aceptar el estilo de cada alumno, sus aptitudes, su talento y construir sobre ellos. Debe tener en cuenta sus peculiaridades y crear una atmósfera de aceptación que reduzca el miedo, la ansiedad, los mecanismos de defensa. Debe aprovechar las experiencias vivénciales personales, que permitan unir el desarrollo cognoscitivo y el personal.

17

1.4.5- Concepción histórico-cultural.

Aunque las bases teóricas de esta concepción datan de la década del 20, sus postulados teóricos y metodológicos siguen siendo desarrollados y enriquecidos por numerosos autores a lo largo del presente Siglo.

Según la concepción histórico-cultural, el aprendizaje constituye un proceso de apropiación de la experiencia histórico-social, a través del cual el individuo deviene personalidad. El mecanismo psicológico a través del cual se produce esta apropiación lo constituye la actividad que el niño realiza y la comunicación que, en el marco de la misma, establece con otras personas.

Para aprender, el niño realiza un sinnúmero de acciones externas, imita o reproduce la actividad del adulto, en un proceso de colaboración con el mismo; poco a poco estas acciones externas son asimiladas o interiorizadas por el niño, convirtiéndose en acciones internas que le permiten orientar su conducta, estableciéndose así una relación dialéctica entre lo externo y lo interno. El paso al interior de las acciones externas se denomina proceso de interiorización.

El aprendizaje solo puede ser posible cuando el alumno realiza las actividades que le permiten, mediante el proceso de interiorización, apropiarse de los conocimientos, habilidades y hábitos, los que una vez asimilados, regulan su actividad y manifiestan en ella lo que se aprendió (exteriorización) con una calidad que evidencie el nuevo nivel de desarrollo que se alcanzó.

Por lo tanto, en el proceso de la actividad conjunta con el adulto, para el niño se abre la posibilidad de realizar, con ayuda del maestro, acciones que no puede ejecutar por sí mismo, de forma independiente, lo que implica una posibilidad ilimitada de aprender. La diferencia que existe entre lo que el niño puede realizar con ayuda del adulto y lo que es accesible a su actividad independiente se denomina zona de desarrollo próximo.

Es responsabilidad de la enseñanza, específico del maestro, ampliar la zona de desarrollo próximo del estudiante y aprovechar al máximo sus posibilidades de aprendizaje. El maestro es el que se encarga de valorar el nivel de desarrollo que alcanza el alumno para plantearle exigencias crecientes que lo conduzcan a niveles de desarrollo superiores, lo que evidencia una relación indisoluble entre la educación y el desarrollo de la personalidad.

Para lograr estas exigencias es necesario además es establecimiento de una adecuada comunicación profesor-alumno, que garantice la creación de un clima psicológico favorable y una disposición positiva hacia el aprendizaje, así como una aceptación de las orientaciones del docente, lo que facilita la apropiación activa de la experiencia histórico-social.

1.5- Algunas concepciones sobre aprendizaje.

Existen distintas concepciones acerca del aprendizaje en el proceso pedagógico, las cuales se abordan desde diferentes puntos de vista y son explicadas desde posiciones teóricas y metodológicas que se diferencian en sus puntos esenciales. No pretendemos aquí dar pautas acerca de cuál es más acertada que otra o cuál seguir en nuestra práctica escolar. Estos aspectos hay que verlos en sus relaciones y debemos estudiarlas todas y tomar de cada una los aspectos más positivos y que más nos ayuden a dirigir el proceso pedagógico de forma científica.

Sin embargo, es tradicional que se hayan puesto de manifiesto en el quehacer pedagógico diversas limitaciones en las concepciones del aprendizaje, que fueron sistematizadas en trabajos que realizaron Castellanos A., (1996). En efecto, se ha visto el aprendizaje como un proceso que:

• se encuentra restringido al espacio de la institución escolar (aprendizaje formal), y sólo a ciertas etapas de la vida (a las que preparan para la vida profesional, adulta);

• que maximiza lo cognitivo, lo intelectual, lo informativo, los saberes, sobre lo afectivo-emocional, lo vivencial, lo ético, y sobre el saber hacer;

• que se realiza de forma individual, aunque, paradójica, no se tenga en cuenta o se subvalore al individuo; como una vía exclusiva de socialización, más que de individualización, de personalización, de construcción y descubrimiento de la subjetividad;

• como adquisición de conocimientos, hábitos, habilidades y actitudes para adaptarse al medio, más que para aprender a trasformar, a desarrollarse, a aprender y a crecer.

El aprendizaje resulta ser, en realidad, un proceso complejo, diverso, que se condiciona por factores tales como las características evolutivas del sujeto que aprende, las situaciones y contextos socioculturales en que aprende, los tipos de contenidos o aspectos de la realidad de los cuales debe apropiarse y los recursos con que cuenta para ello, el nivel de intencionalidad, consciencia y organización con que tienen lugar estos procesos, entre otros.

A tenor con lo anterior, planteamos algunos presupuestos iniciales que consideramos importantes para abordar una comprensión del aprendizaje:

• Aprender es un proceso que ocurre a lo largo de toda la vida, y que se extiende en múltiples espacios, tiempos y formas. El aprender está en unión con el crecer de manera permanente. Sin embargo, no es algo abstracto: se vincula a las experiencias vitales y las necesidades de los individuos, a su contexto histórico-cultural concreto.

• En el aprendizaje cristaliza a la dialéctica entre lo histórico-social y lo individual-personal; es siempre un proceso activo de reconstrucción de la cultura, y de descubrimiento del sentido personal y la significación vital que tiene el conocimiento para los sujetos.

• Aprender supone el tránsito de lo externo a lo interno, de lo interpsicológico a lo intrapsicológico de la dependencia del sujeto a la independencia, de la regulación externa a la autorregulación. Supone, en última instancia, su desarrollo cultural, es decir, recorrer un camino de progresivo dominio e interiorización de los productos de la cultura (cristalizados en los conocimientos, en los modos de pensar, sentir y actuar, y, también, de los modos de aprender) y de los instrumentos psicológicos que garantizan al individuo una creciente capacidad de control y transformación sobre su medio, y sobre sí mismo.

• El proceso de aprendizaje posee tanto un carácter intelectual como emocional. Implica a la personalidad como un todo. En él se construyen los conocimientos, destrezas, capacidades, se desarrolla la inteligencia, pero de manera inseparable, este proceso es la fuente del enriquecimiento afectivo, donde se forman los sentimientos, valores, convicciones, ideales, donde emerge la propia persona y sus orientaciones ante la vida.

Aunque el centro y principal instrumento del aprender es el propio sujeto que aprende, aprender es un proceso de participación, de colaboración y de interacción. En el grupo, en la comunicación con los otros, las personas desarrollan el autoconocimiento, compromiso y la responsabilidad, individual y social, elevan su capacidad para reflexionar divergente y creadora, para la evaluación crítica y autocrítica, para solucionar problemas y tomar decisiones. El papel protagónico y activo de la persona no niega, en resumen, la mediación social.

Situándonos en los marcos del aprendizaje escolar, esta perspectiva nos permite trascender la noción del estudiante como un mero receptor, un depósito o un consumidor de información, sustituyéndola por la de un aprendiz activo (e interactivo), capaz de realizar aprendizajes permanentes en contextos socioculturales complejos, de decidir qué necesita aprender en los mismos, cómo aprender, qué recursos tiene que obtener para hacerlo y qué procesos debe implementar para obtener productos individuales y valiosos para la sociedad. De esta perspectiva deriva la noción de un aprendizaje eficiente y desarrollador, que se discuten más adelante. También la concepción de qué significa enseñar tendrá que ser revalorizada en correspondencia con estas ideas. De este aspecto nos ocuparemos en otro momento.

Cuando intentamos profundizar en la comprensión del aprendizaje, se nos presenta el cuadro de un proceso muy complejo, que adopta múltiples formas y transcurre en espacios, tiempos y situaciones variadas. "Pensemos un momento – ha dicho al respecto el psicólogo Gordon Allport – en las muchas clases de aprendizaje que tienen lugar en el curso de la vida. Aprendemos a andar, a hablar, a bailar; a recordar hechos, a interpretar números y recitar poemas. Aprendemos lo que conviene comer, lo que se debe tomar, lo que es preciso evitar, qué objetos son deseables en la sexualidad. Se adoptan religiones, creencias, ideologías. Se forman preferencias, prejuicios, modos de comportamiento. Aprendemos conceptos, significados y hábitos nuevos; también aprendemos lenguas extranjeras. Aprendemos a conocer signos, claves y símbolos. Adquirimos de forma gradual nuestros rasgos y orientaciones de la personalidad y desarrollamos una conciencia personal guiadora y una filosofía más o menos completa. Incluso aprendemos a aprender". (11)

Tal riqueza inherente a un mismo fenómeno nos incita a preguntarnos: ¿qué hay de común entre aprender a caminar, a resolver problemas, a hablar inglés o a amar? ; ¿en qué son semejantes los aprendizajes que se realizan en la vida cotidiana y aquellos que transcurren en las aulas escolares? ; ¿por qué decimos que tanto en los niños y las niñas, así como en los jóvenes, adultos y ancianos se producen procesos de aprendizaje?

Para responder a estos cuestionamientos se requiere dilucidar la esencia oculta tras la diversidad de formas de expresión y establecer cuáles son los rasgos que lo singularizan. A continuación se presenta un conjunto de características que expresan la naturaleza genérica del aprendizaje humano. Al mismo tiempo, se identifican otras características específicas donde se ponen de manifiesto los componentes del sistema del aprendizaje, compuesto por los contenidos o resultados, los procesos o mecanismos y las condiciones. En conjunto, este análisis posibilita construir un cuadro general del aprendizaje que responde a las siguientes preguntas: ¿Qué es el aprendizaje? ¿Qué se aprende? ¿Cómo se aprende? ¿En qué condiciones se aprende?

La comprensión del aprendizaje desde esta perspectiva implica rescatar su naturaleza integral y contradictoria, nunca lineal, abordándolo como un proceso psicológico de cambio y transformación en la psiquis y la conducta del individuo, que transcurre gradual y progresiva, a través de diferentes etapas y momentos vinculados entre sí de forma dinámica, y donde los diversos componentes funcionan en un sistema indisoluble, de modo que las partes son interdependientes y dependen al mismo tiempo de la totalidad.

Sin lugar a dudas, el proceso será más o menos complejo en función de los contenidos a aprender y de los mecanismos internos que los/las aprendices que han de movilizar para alcanzar los resultados esperados. Así, aprender a montar bicicleta puede requerir

---

(11) ALLPORT, GORDON. La personalidad. Su configuración y desarrollo. Ed. Herder, Barcelona, 1968.

de unas pocas sesiones de práctica, al igual que la memorización de una poesía, de fechas históricas o de una lista de los presidentes del país en el período neocolonial.

En tanto, el aprendizaje de un concepto científico exige desencadenar mecanismos diferenciados que van más allá de la asociación psicomotora o verbal. Implica, de hecho un proceso de comprensión gradual donde el sujeto debe establecer explícita e intencional las relaciones entre sus conocimientos previos y la nueva información ofrecida por el profesor, reestructurarlos y aplicarlos a diferentes situaciones, con vistas a lograr su plena generalización.

La gran verdad consiste en que, de la misma manera que el multilateral y complejo proceso de enseñanza-aprendizaje necesita de una diversidad de tipos de clase, métodos y medios para el logro de los objetivos, cada tipo de software se orienta hacia el cumplimiento de funciones didácticas específicas y como sucede con frecuencia, la verdad científica la encontramos, no mediante el hallazgo de un eslabón único y universal sino mediante fórmulas que pongan de manifiesto combinaciones armoniosas de diferentes paradigmas existentes.

El aprendizaje es el proceso a través del cual se adquieren nuevas habilidades, destrezas, conocimientos, conductas o valores como resultado del estudio, la experiencia, la instrucción, el razonamiento y la observación. Este proceso se puede analizar desde distintas perspectivas, por lo que existen distintas teorías del aprendizaje. El aprendizaje es una de las funciones mentales más importantes en humanos, animales y sistemas artificiales.

El aprendizaje como establecimiento de nuevas relaciones temporales entre un ser y su medio ambiental es objeto de diversos estudios empíricos, que se realizan tanto en animales como en el hombre. Al medir los progresos conseguidos en cierto tiempo se obtienen las curvas de aprendizaje, que muestran la importancia de la repetición de algunas predisposiciones fisiológicas, de «los ensayos y errores», de los períodos de reposo tras los cuales se aceleran los progresos, etc. Muestran también la última relación del aprendizaje con los reflejos condicionados.

Feldman, (2005) define el aprendizaje como un proceso de cambio relativamente permanente en el comportamiento de una persona generado por la experiencia. En primer lugar, aprendizaje supone un cambio conductual o un cambio en la capacidad conductual. En segundo lugar, dicho cambio debe ser perdurable en el tiempo. En tercer lugar, otro criterio fundamental es que el aprendizaje ocurre a través de la práctica o de otras formas de experiencia.

El aprendizaje se concibe como la construcción de estructuras mentales por parte del sujeto. La enseñaza debe ayudar a esto y además debe propiciar el desarrollo de la lógica infantil, estimular el descubrimiento personal del conocimiento, evitar la trasmisión estereotipada, proponer situaciones desafiantes, contradicciones que estimulen al alumno a buscar soluciones. (12)

En estas aplicaciones el maestro tiene la función de orientador, facilitador del aprendizaje, pues a partir del conocimiento de las características intelectuales del niño en cada período debe crear las condiciones óptimas para que se produzca las interacciones constructivas entre el alumno y el objeto de conocimiento, para que comprenda que puede obtener dicho conocimiento por si mismo, al observar, experimentar y combinar sus razonamientos.

Cada persona hace suya la cultura a partir de procesos de aprendizaje que le permiten el dominio progresivo de los objetos y sus usos, así como de los modos de actuar, de pensar y de sentir, e inclusive, de las formas de aprender vigentes en cada contexto histórico. De este modo, los aprendizajes que se realizan constituyen el basamento indispensable para que se produzcan procesos de desarrollo de forma simultánea para que los niveles de desarrollo alcanzados abran caminos seguros a las nuevas enseñanzas.

En esta concepción, el entorno social no es una simple condición que favorece u obstaculiza el aprendizaje y el desarrollo individual: es una parte intrínseca del propio proceso y define su esencia misma, a partir de la ley general de la formación y desarrollo de la psiquis humana, formulada por Lev S. Vigotsky: "En el desarrollo cultural del niño toda función aparece dos veces: primero, entre personas (de manera interpsicológica), y después, en el interior del propio niño (de manera intrapsicológica)...

---

(12) CÓRDOVA LLORCA, MARÍA DOLORES (1999). Aprendizaje Creativo. Documento digitalizado SOFTOOL

Todas las funciones psicológicas superiores se originan como relaciones entre los seres humanos". (13)

Según esta ley de la doble formación, que constituye el fundamento básico de la escuela histórico-cultural, el desarrollo humano sigue una pauta que va de lo externo, social e intersubjetivo, hacia lo interno, individual e intrasubjetivo.

Una concepción general sobre el aprendizaje representa una herramienta heurística indispensable para el trabajo diario de los docentes; les brinda una comprensión de los complejos y diversos fenómenos que tienen lugar en el aula, y por lo tanto, un fundamento teórico, metodológico y práctico para planificar, organizar, dirigir, desarrollar y evaluar su práctica profesional para perfeccionarla.

Lo anterior constituye un requisito básico para que el educador pueda potenciar, de manera científica e intencional - y no empírica o intuitiva - los tipos de aprendizajes necesarios, es decir, aquellos que propician en sus estudiantes el crecimiento y enriquecimiento integral de sus recursos como seres humanos, en otras palabras, los aprendizajes desarrolladores.

Dentro del conjunto de autores que se agrupan alrededor de este enfoque, se encuentran los aportes de D. Ausubel y J. Bruner a la conceptualización del aprendizaje, los cuales son muy citados en la literatura especializada: (14)

Teoría del aprendizaje significativo según D. Ausubel.

• Todo el aprendizaje en el aula posee dos dimensiones: dimensión repetición-aprendizaje significativo y dimensión recepción-descubrimiento. Ambos pueden ser significativos si el estudiante puede relacionar el nuevo material de aprendizaje con su estructura de conocimiento existente y que la tarea de aprendizaje en sí sea más significativa para el estudiante.

• Es importante concebir el aprendizaje como proceso: el estudio de la adquisición, retención y transferencia del aprendizaje.

---

(13) VIGOTSKY, LEV SEMIONOVICH. El desarrollo de los procesos psicológicos superiores. Ed. Crítica, Barcelona, 1979. P. 94.
(14) APRENDIZAJE: Wikipedia 2011, la enciclopedia libre.htm

- El aprendizaje significativo es aquel en que las ideas expresadas de forma simbólica son relacionadas con lo que el alumno conoce, produciéndose una modificación de la información recién adquirida y en aquella con la cual se vincula. Supone una interacción entre la información nueva y las ideas preexistentes de la estructura cognoscitiva.

- La inclusión es el proceso de vinculación de la información nueva con segmentos pre-existentes de la estructura cognoscitiva del que aprende.

- La transferencia consiste en moldear la estructura cognoscitiva del alumno de modo que se faciliten las experiencias de aprendizaje subsiguientes.

- Todo aprendizaje se afecta por la estructura cognoscitiva existente en el alumno y a la vez modifica dicha estructura lo que aprendió.

D. Ausubel, afirma que existen algunos tipos de aprendizaje: memorístico o por repetición, significativo, por recepción, por descubrimiento (el contenido esencial no se le brinda al alumno, sino que debe ser descubierto por él antes de incorporarlo a su campo cognoscitivo. Supone un proceso inicial de búsqueda y de reorganización de la información. Es esencial para la enseñanza del método científico y para las técnicas de solución de problemas.

Teoría del aprendizaje conceptual y por descubrimiento según J. Bruner.

- Es típico del ser humano la categorización o la conceptualización, es decir, agrupar objetos, acontecimientos y personas en clases.

- El alumno debe ser activo y capaz de asumir la dirección del proceso de formación de conceptos.

- El ambiente y la cultura poseen gran importancia desde las primeras etapas del desarrollo.

- El lenguaje es muy importante en la construcción de categorías y conceptos, la categorización de los objetos requiere de la existencia de palabras que las identifiquen.

- El hombre es un ser que construye de forma activa su mundo de conocimientos, a través de su intercambio con el medio, la cultura y sus propias potencialidades, inteligencia, experiencia, disposiciones, etc.

- El aprendizaje conceptual presupone el dominio de categorías, conceptos y los sistemas de codificación, los cuales se relacionan mucho entre sí.

- El proceso de categorización conduce a la conceptualización.

- Los sistemas de codificación constituyen el resultado de una creciente conceptualización y generalización que permite la formulación de predicciones de tipos formales o intuitivas. Codificar equivale a generalizar.

- El aprendizaje por descubrimiento es a la vez un objetivo de la educación y una práctica de la teoría de la enseñanza.

- Una meta educativa es enseñar a pensar, a descubrir de manera que cada persona pueda continuar el aprendizaje y relacionarse de forma constructiva a lo largo de toda su vida.

- El descubrimiento consiste en la transformación de hechos o experiencias que se nos presentan, de manera que se pueda llegar más allá de la información recibida. Reestructurar o transformar hechos evidentes, de manera que puedan surgir nuevas ideas para la solución de los problemas.

- El aprendizaje por descubrimiento es el mejor medio para estimular el pensamiento simbólico y la creatividad del individuo.

- Este aprendizaje estimula la mayor utilización del potencial intelectual, crea una motivación intrínseca, se domina la heurística del descubrimiento y ayuda a la conservación de la memoria.

- Las técnicas para estimular todo aprendizaje son: enfatizar en los contrastes, estimular la formulación de hipótesis, tomar el estudiante conciencia de su capacidad para descubrir por sí mismo, estimular la participación de todos los alumnos y cultivar el pensamiento intuitivo.

Valoración crítica de las anteriores teorías de aprendizaje:

- Estas teorías sobre el aprendizaje con enfoque cognitivista incorporan elementos y conceptos valiosos de otras teorías anteriores que son aportes científicos indiscutibles.

• Posee una sólida base investigativa que propició la realización de múltiples trabajos científicos con sus consiguientes resultados en función de enriquecer la teoría con carácter interdisciplinario, como por ejemplo, los aportes de la metacognición en el aprendizaje (Martí E., 1995).

• Como todo enfoque científico no posee un carácter homogéneo, pues proliferan teorías de diferentes autores, los que sin dejar de adscribirse a la posición cognitivista, destacan determinados aspectos del aprendizaje que no se llegan a contraponer entre sí.

• Algunas de sus tendencias, muy cercanas a las teorías del procesamiento de la información y de las neurociencias, en aras de lograr "mayor objetividad científica", enfatizan en lo tecnológico experimental, en detrimento de lo personológico.

• Lo grupal y lo interactivo en el aprendizaje no lo destacan algunos autores al resaltar en demasía lo interno de dicho proceso.

• El análisis crítico de estas concepciones teóricas y metodológicas sobre el aprendizaje permiten proponer algunas generalizaciones sin ánimo de ser conclusivo ni absoluto:

• Es evidente la falta de unidad teórica y metodológica entre las concepciones valoradas con anterioridad, cada una destaca un aspecto importante del aprendizaje y alrededor de él erigen su andamiaje teórico con sus respectivas derivaciones pedagógicas.

• En cada una se encuentran reflexiones valiosas, interesantes y de contribución directa al desarrollo de la educación en esta época.

• La propia complejidad y multicausalidad del proceso de aprendizaje no permite que una sola posición pueda agotar el análisis. El mayor error de algunos de sus representantes fue creer que hallaban los mecanismos de aprendizaje únicos y más valiosos para el hombre. No existe un mecanismo universal que explique cualquier forma de aprendizaje.

• Se revela una tendencia contemporánea hacia la búsqueda de enfoques con afanes integradores, que intentan incorporar lo más valioso que aportaron las concepciones precedentes y que constituyen resultados científicos indiscutibles de la ciencia psicopedagógica.

• Se destacan como aportes del análisis que se realizó sobre las diferentes concepciones sobre el aprendizaje: la personalización del proceso, el carácter activo del sujeto que aprende, la vinculación de lo cognitivo con lo afectivo, la validez de la interacción y el contexto donde se produce el aprendizaje, el trabajo individual y colectivo, a través de la comunicación maestro-alumno y alumno-alumno, la estimulación constante de la inteligencia y la creatividad y la obligatoriedad de producir cambios internos (subjetivos) y externos (conductuales) en el estudiante, así como no solo aprender conocimientos sino las vías para operar con ellos (estrategias cognitivas) para potenciar el autoaprendizaje.

• Como elementos que no quedan del todo destacados están: el papel esencial del docente no solo como facilitador o mediador en el aprendizaje, sino como dirigente y cono estimulador del dicho proceso, que el tipo de contenido a impartir, de acuerdo con la ciencia que se enseña, condiciona la peculiaridad del proceso de aprendizaje, el contenido que se aprende condiciona el cómo se aprende, y que los mecanismos de aprendizaje y de educación no son esencias paralelas sino un único proceso de instrucción y de desarrollo de la personalidad al unísono.

• Los contenidos del aprendizaje no se condicionan desde fuera, sino que se construyen desde dentro, de acuerdo con la motivación del sujeto, su intencionalidad y sus estructuras conceptuales previas.

El autor de este trabajo considera que la definición abordada por Córdova Llorca, (1999), está más fundamentada, por lo que debemos concebir el aprendizaje como la construcción de estructuras mentales por parte del sujeto.

1.6- Criterios sobre el uso del procesador de texto Microsoft para favorecer el aprendizaje.

Muchos recursos utiliza el hombre para la comunicación y transmisión de información: señales luminosas, sonoras, telégrafos, teléfonos, cine, televisión, prensa, literatura, estos son algunos ejemplos de ellos, que en cada momento propician un rasgo distintivo de la época en que surgió.

Hoy en día la Informática como medio de enseñanza cuenta con una amplia gama de tipos de programas que se pueden emplear con múltiples enfoques. Cada uno de estos programas tiene propósitos específicos, dirigidos a contribuir con el desarrollo de diferentes funciones del proceso docente.

A partir del desarrollo de la computación y la información se provocó una convergencia en las mismas que permitió el desarrollo de lo que hoy se conoce como Nuevas Tecnologías de la Información y las Comunicaciones (NTIC), cuya expresión más concreta se ve en la aparición de los procesadores de texto.

Los cambios tecnológicos operados en las últimas décadas en la esfera de la Informática hacen que se plantee a la Educación y en particular a la Educación Preuniversitaria la necesidad de transformar la enseñanza. A partir de este reto hay que tener en cuenta el lugar el que ocupa el conocimiento de los procesadores de texto en la formación de una cultura informática en los estudiantes. Es esto lo que nos hace pensar que este medio se haga compatible con los fenómenos cognitivos y las situaciones didácticas asociadas al aprendizaje de la Informática.

Sabemos que gran parte de las tareas de la enseñanza preuniversitaria se pueden lograr con otros medios informáticos, pero consideramos que el procesador de texto Microsoft Word es un recurso indispensable que pueden utilizar los estudiantes con el propósito de resolver muchas de las situaciones que se dan en la escuela, por lo que este posibilita:

- Crea documentos, incluyendo cartas, informes y varios tipos de boletines informativos a través de distintas plantillas estándares. Crear sus propias plantillas sin ninguna de las que incluye Word, adecuándolas a sus necesidades y guardarlas para futuros documentos.

- Trabajar con facilidad gráficos e imágenes que enriquecen sus presentaciones y documentos. Para ello Word dispone de numerosas imágenes prediseñadas para utilizar a nuestro antojo. Por otra parte, ofrece numerosas herramientas de diseño que facilitarán sobre manera la creación y modificación de estas imágenes.

- Un amplio conjunto de funciones que pueden utilizarse para sacar el mayor partido de World Wide Web e Internet. Podrá guardar con facilidad sus documentos como páginas Web y subirlos a un servidor.

- La automatización de tareas y programabilidad que pueden utilizar funciones para la detección y corrección de errores ortográficos y gramaticales, ya sea al finalizar el documento o mientras lo edita y será capaz de crear documentos inteligentes, programados para ofrecer ayuda mientras se utilizan, como formularios o plantillas.

- En todo momento de un "asistente", que proporciona el propio Word, que le muestra soluciones rápidas y ayuda en todo lo que realiza en su documento.

- Un sencillo manejo del menú, herramientas de corrección ortográfica, gramatical y herramientas orientadas a la Web.

Gener Navarro, Enrique J. y otros (2000) dan a conocer un grupo de tareas que durante el desarrollo del proceso docente educativo les exigen a estudiantes y profesores para la confección de documentos. Entre otros, podemos mencionar:

- Resúmenes escritos sobre diferentes temáticas.

- Orientaciones para la realización de tareas en diferentes materias o asignaturas.

- Sistemas de ejercicios para un tema, una asignatura, un curso o una especialidad.

- Soluciones a temas de estudio o sistemas de ejercicios.

- Informes de resultados de trabajos prácticos o investigativos.

- Ponencias para presentar en eventos, encuentros de conocimientos y concursos.

- Boletines informativos.

- Cartas oficiales o personales.

La conceptualización del aprendizaje de los estudiantes a través del uso del procesador de texto Microsoft Word contribuye a una enseñanza más rápida, en una atmósfera agradable donde se puedan particularizar diferencias individuales, donde se pueda lograr generalizaciones, profundizar, interactuar, manipular información y procesarla, optimizar procesos investigativos, perfeccionar la toma de decisiones, y muy en particular la formación de valores entre otros.

En el propio plan educacional los procesadores de texto no pueden dejarse de asociar a una mayor atención a las diferencias individuales, el surgimiento de nuevos métodos y modelos instructivos. Estos constituyen un medio más para favorecer el aprendizaje en diferentes materias.

Por lo que se expresa con anterioridad, resulta evidente que el uso del procesador de texto Microsoft Word puede facilitar el aprendizaje de conceptos, métodos, procedimientos, principios; puede ayudar a resolver problemas de variada naturaleza y puede contribuir a desarrollar diferentes tipos de habilidades. El uso de este medio requiere de una cierta organización, de un uso correcto y de un conocimiento, por lo que hay que usarlo de la mejor manera y por tanto hay que conocerlo.

1.7- Caracterización psicopedagógica del estudiante de décimo grado.

El ingreso al nivel medio superior ocurre en un momento crucial de la vida del estudiante, es el período de tránsito de la adolescencia hacia la juventud. Todos sabemos que los límites entre los períodos evolutivos no son absolutos y están sujetos a variaciones de carácter individual, de manera que el profesor puede encontrar en un mismo grupo escolar, estudiantes que ya manifiestan rasgos propios de la juventud, mientras que otros mantienen todavía un comportamiento típico del adolescente.

Esta diversidad de rasgos se observa con más frecuencia en los grupos de décimo grado, pues en los alumnos de años posteriores comienzan a revelarse las características de la edad juvenil. Es por esta razón, que se centra la atención en algunas características de la etapa juvenil, cuyo conocimiento resulta de gran importancia para los profesores de este nivel. Muchos autores consideran el inicio de la juventud como el segundo nacimiento del hombre; entre otras cosas, ello se debe a que en esta época se alcanza la madurez relativa de ciertas formaciones y algunas características psicológicas de la personalidad.

En lo que respecta al desarrollo físico, es necesario señalar que, en la juventud, el crecimiento longitudinal del cuerpo es más lento que en la adolescencia; aunque es común entre los 16 y 18 años que los jóvenes alcancen una estatura muy próxima a la definitiva. También, en esta etapa es significativo el desarrollo sexual de los jóvenes; los varones, quienes respecto a sus compañeras se quedan rezagados en este desarrollo, ahora lo completan.

En la juventud se continúa y amplía el desarrollo que en la esfera intelectual tuvo lugar en etapas anteriores. Así, desde el punto de vista de su actividad intelectual, los estudiantes del nivel medio superior tienen mejor preparación para realizar tareas que requieren una alta dosis de trabajo mental, de razonamiento, iniciativa, independencia cognoscitiva y creatividad. Estas posibilidades se manifiestan tanto respecto a la actividad de aprendizaje en el aula, como en las diversas situaciones que surgen en la vida cotidiana del joven. Resulta necesario precisar que el desarrollo de las posibilidades intelectuales de estos jóvenes no ocurre de forma espontánea y automática, sino siempre bajo el efecto de la educación y la enseñanza recibida, tanto en la escuela como fuera de ella.

En el desempeño intelectual estos alumnos del nivel medio superior alcanzan índices superiores a los de los estudiantes de niveles anteriores, lo que no significa, desde luego, que ya en el nivel medio superior los alumnos no presentan dificultades ante tareas de carácter intelectual, pues durante la investigación se pudo constatar la existencia de estudiantes que no resuelven de un modo correcto los problemas lógicos, en situaciones que exigen la aplicación de procedimientos racionales y el control consciente de su actividad. No obstante, fue posible establecer que cuando la enseñanza se organiza de forma correcta, esos alumnos pueden superar muy rápido sus deficiencias, gracias a las reservas intelectuales que desarrollan.

En el nivel medio superior, como en los niveles precedentes, resulta importante el lugar que se le otorga al alumno en la enseñanza. Debe tenerse presente que, por su grado de desarrollo, los alumnos de la Educación Preuniversitaria pueden participar de forma mucho más activa y consciente en este proceso, lo que incluye la realización más cabal de las funciones de autoaprendizaje y autoeducación. Cuando esto no se toma en consideración para dirigir el proceso de enseñanza, el papel del estudiante se reduce a asimilar de forma pasiva, el estudio pierde todo interés para el joven y se convierte en una tarea no grata para él. Gozan de particular respeto aquellas materias en que los profesores demandan esfuerzos mentales, imaginación, inventiva y crean condiciones para que el alumno participe de modo activo.

El estudio solo se convierte en una necesidad vital, y al mismo tiempo es un placer, cuando el joven desarrolla, en el proceso de obtención del conocimiento, la iniciativa y la actividad cognoscitiva independiente. En estas edades es muy característico el predominio de la tendencia a realizar apreciaciones sobre todas las cosas, apreciación que responde a un sistema y enfoque de tipo polémico, que los alumnos conforman; así como la defensa pasional de todos sus puntos de vista.

Las características de los jóvenes deben ser tomadas en consideración por el profesor en todo momento. A veces, nos olvidamos de estas peculiaridades de los estudiantes del nivel medio superior y tendemos a mostrarles todas las "verdades de la ciencia", a exigirles el cumplimiento formal de patrones de conducta que se determinen; entonces, los jóvenes pueden perder el interés y la confianza en los adultos, pues necesitan decidir por sí mismos.

En la etapa juvenil se alcanza una mayor estabilidad de los motivos, intereses, puntos de vista propios, de manera tal que los alumnos se hacen más conscientes de su propia experiencia y de la de quienes lo rodean; tiene lugar así la formación de convicciones morales que el joven experimenta como algo personal y que entran a formar parte de su concepción moral del mundo. Las convicciones y puntos de vista, empiezan a determinar la conducta y actividad del joven en el medio social donde se desenvuelve, lo cual le permite ser menos dependiente de las circunstancias que lo rodean, ser capaz de enjuiciar de forma crítica las condiciones de vida que influyen sobre él y participar en la transformación activa de la sociedad en que vive.

El joven, con un horizonte intelectual más amplio y con un mayor grado de madurez que el niño y el adolescente, puede lograr una imagen más elaborada del modelo, del ideal al cual aspira, lo que conduce en esta edad, al análisis y la valoración de las cualidades que distinguen ese modelo que adoptan. En tal sentido, es necesario que el trabajo de los profesores, tienda no solo a lograr un desarrollo cognoscitivo, sino a propiciar vivencias más profundas sentidas por los jóvenes, capaces de regular su conducta en función de la necesidad de actuar de acuerdo con sus convicciones. El papel de los educadores como orientadores del joven, tanto a través de su propia conducta, como en la dirección de los ideales y las aspiraciones que el individuo se plantea, es una de las cuestiones principales a tener en consideración.

De gran importancia para que los educadores (familiares y profesores) puedan ejercer una influencia positiva sobre los jóvenes, es el hecho de que mantengan un buen nivel de comunicación con ellos, que los escuchen, los atiendan y no les impongan criterios o den consejos generales, sino que sean capaces de intercambiar con ellos ideas y opiniones. Resulta importante, para que el maestro tenga una representación más objetiva de cómo son sus alumnos, para que pueda aumentar el nivel de interacción con ellos y, al mismo tiempo, ejercer la mejor influencia formadora en las diferentes vertientes que los requieran, que siempre esté consciente del contexto histórico en el que viven sus alumnos.

La función de los educadores es exitosa sobre todo cuando poseen un profundo conocimiento de sus alumnos. En el caso específico de la comunicación óptima con los estudiantes, es fundamental el conocimiento acerca de sus preferencias comunicativas, de los temas que ocupan el centro de sus intereses y constituyen el objeto de las relaciones de los alumnos entre sí, y con otras personas.

En investigaciones diseñadas para conocer las preferencias comunicativas de los jóvenes y encaminadas a profundizar en las regularidades psicológicas de los escolares cubanos, se puso de manifiesto que en la actualidad los temas de conversación más frecuentes entre los alumnos del nivel medio superior están relacionados con: el amor y el sexo; el tiempo libre y la recreación, los estudios y la proyección futura de estos. En particular, la elección de la profesión representa una cuestión muy importante para el desenvolvimiento y las aspiraciones futuras del joven. Esta selección se convierte en el centro psicológico de la situación social, del desarrollo del individuo, pues es un acto de autodeterminación que presupone tomar una decisión y actuar en concordancia con algo lejano, lo que requiere cierto nivel de madurez.

El joven siente una fuerte necesidad de encontrar su lugar en la vida, con lo cual se incrementa su participación en la actividad útil para la sociedad (estudio, deporte, trabajo, político-organizativa, cultural), en la que se mantiene gran valor para él la comunicación con su grupo de coetáneos, las relaciones con sus compañeros, la aceptación y el bienestar emocional que logre obtener.

No obstante, la importancia de la opinión del grupo, el joven busca, en esta comunicación con sus iguales, la relación personal, íntima, de amistad, con compañeros hacia los que siente confianza, y a los que le unen afinidad de intereses y criterios sobre diferentes aspectos. Por esto surgen subgrupos, parejas de amigos y también, sobre esta base, relaciones amorosas con un carácter más estable que las surgidas en la adolescencia. De gran importancia son, entre las relaciones con los compañeros y amigos, las relaciones amorosas. En este tipo de relación se materializan los ideales sobre la pareja y el amor, así como las opiniones y experiencias que logran acerca de las relaciones sexuales, el matrimonio y las responsabilidades que esto trae para ambos sexos.

En este sentido, la influencia de los educadores puede resultar muy importante y se logra al promover conversaciones, discusiones y aconsejar con tacto y visión de futuro cuando se presentan conflictos y dificultades. Es preciso partir de la relación afectiva en que se encuentran los alumnos en estos momentos, llegar a ellos y comprenderlos, para poder entonces orientarlos y encauzarlos sin que se sientan censurados y criticados, lo que implicará un alejamiento del adulto.

Esto es una forma particular muy importante al abordar temas como el del alcoholismo, el tabaquismo, las drogas, la promiscuidad y la prostitución. En este sentido es conveniente aprovechar el debate que se provoque a raíz de la discusión de materiales, como por ejemplo, los de naturaleza audiovisual que hoy está a nuestra disposición, para compartir vivencias y elaborar valoraciones personales sobre estos problemas.

Especial atención requieren los casos de parejas que surgen en la misma aula, ya que la posición de estos alumnos es delicada. Cualquier señalamiento debe hacerse con sumo cuidado por cuanto les afecta más por estar presente el otro miembro de su pareja. Hay factores sociales ligados a esta problemática que se deben analizar con los jóvenes de manera tal que le propicie la imagen de lo más propicio para su edad (la no interrupción de sus estudios, la participación de ambos sexos en tareas y responsabilidades), no les reste, sino por el contrario, enfatice su capacidad para disfrutar del ensueño y valor espiritual de esta relación.

Al analizar las relaciones interpersonales entre los alumnos y la fundamentación que hacen de por qué aceptan o rechazan a sus compañeros, encontramos que ellos se prefieren por la vinculación personal que logren entre sí, como resultado de la aceptación y la amistad que establezcan con un destacado carácter recíproco: "confían en mí y yo en ellos", "nos ayudamos". Se destaca también el valor de las relaciones en el grupo en virtud de determinadas cualidades de la personalidad como: exigencia, combatividad, sinceridad, justeza. Aparecen en estas edades expresiones que encierran valoraciones de carácter humanista como: "lo prefiero por su actitud ante la vida, por su forma de pensar".

Al igual que en la adolescencia, el contacto con los demás, refuerza su necesidad de autorreflexión, de conocerse, valorarse y dirigir, en cierta medida, su propia personalidad. Es importante que, en este análisis, el joven alcance cierto grado de autoestimación, de aceptación de su personalidad, a lo cual pueden contribuir los adultos, padres y profesores, las organizaciones estudiantiles en sus relaciones con él y, sobre todo, en las valoraciones que hacen de él. El joven necesita ayuda, comprensión, pero también busca autonomía, decisión propia y debe permitírsele que lo haga.

El joven encuentra una forma de manifestarse y de canalizar sus preocupaciones a través de las organizaciones estudiantiles. Solo a partir de su toma de conciencia en relación con las dificultades existentes en el proceso docente - educativo y de su participación activa en la toma de decisiones es posible lograr las transformaciones que se aspiran en este nivel de enseñanza. Un objetivo esencial a lograr será la auto - dirección por parte de los propios jóvenes, en lo cual desempeñará una función esencial la emulación estudiantil.

Todo esto exige del educador plena conciencia de su labor orientadora y la necesidad de lograr buenas relaciones con el joven, basadas en el respeto mutuo y tener en cuenta que este es ya un individuo cercano al adulto con criterios relativos definidos. En todo este proceso el adolescente y el joven, necesitan una adecuada dirección.

Corresponde a los adultos que los rodean ofrecer todo eso en forma conveniente, para que redunde en beneficio de su personalidad en formación y con ello se logre uno de los objetivos centrales de la educación socialista: la formación comunista de las nuevas generaciones.

EPÍGRAFE NO. II. ACTIVIDADES A TRAVÉS DEL PROCESADOR DE TEXTO MICROSOFT WORD PARA FAVORECER EL APRENDIZAJE DE LOS ESTUDIANTES DEL DÉCIMO GRADO DEL CENTRO MIXTO "ALFREDO CORCHO CINTA" EN LA UNIDAD 1: PROFUNDIZACIÓN DEL SISTEMA OPERATIVO DE LA ASIGNATURA INFORMÁTICA.

2.1- Orientaciones metodológicas para la implementación de las actividades propuestas.

Los problemas que se presentan al hombre en la vida requieren que el alumno adquiera la habilidad de trabajar de forma independiente en la adquisición de conocimientos y métodos de la actividad, solo así estará a la altura de su tiempo para poder asimilar tanto en la escuela como fuera de ella, el caudal de la cultura acumulada por la sociedad y que él necesita para reflexionar y solucionar cada problema nuevo que surja en su trabajo y la vida en general.

Una enseñanza reproductiva no sólo conduce a un pobre esfuerzo intelectual del estudiante, sino que no favorece la creatividad del profesor, el cual trasmite conocimientos apegados a la ciencia y no se esfuerza de forma intelectual en la concepción de situaciones de aprendizaje que lleven a una lógica productiva en la apropiación de contenidos y valores por los estudiantes.

La exigencia planteada acerca del protagonismo del estudiante precisa de una concepción diferente en cuanto al papel a asumir por el docente en la dirección del proceso, y en especial desde la clase. Lograr una posición activa del estudiante requiere, entre otras, que este se implique en actividades de trabajo independiente para favorecer su independencia cognoscitiva, lo cual en gran medida depende de cómo el profesor dirige su desarrollo mental y físico.

En consonancia con lo anterior, el autor de este trabajo considera que las actividades propuestas responden a una situación de aprendizaje que le permite al estudiante la apropiación de la cultura expresada en términos de contenidos, en la cual comprende, explica e interpreta lo que significa el contenido que aprende, para poder aplicarlo en la solución de problemas de la vida práctica mediante el empleo del procesador de texto Microsoft Word.

A través de las actividades se puede favorecer el estado del aprendizaje de los estudiantes, pues es un medio más para que ellos puedan apropiarse de conocimientos, hacer y ser en el proceso de apropiación de los contenidos. Si se trasladada el postulado de zona de desarrollo próximo al lenguaje pedagógico, es la distancia entre el nivel real de desarrollo, que se determina por la posibilidad de resolver de forma individual una actividad y el nivel de desarrollo potencial y se determina por la posibilidad para la resolución de una actividad de trabajo independiente con la orientación y guía del profesor. Las actividades permiten diagnosticar los aciertos, logros y también las necesidades de aprendizaje.

Siendo consecuente con lo que se planteó antes, la situación de aprendizaje fue estructurada según la creatividad y flexibilidad del pensamiento del autor. Ello impone la necesidad de considerar la propuesta que realiza Silvestre (1999) del modelo guía de aprendizaje el cual "constituye una forma de actuar para el alumno, que le permite de manera sencilla enfrentarse al estudio de un nuevo contenido, de modo tal que pueda comprobar su utilidad, habituarse mediante el entrenamiento sistemático a actuar y pensar, cumplir exigencias del trabajo independiente que le aseguren un mínimo de éxito." (15)

Todo lo que se plantea con anterioridad hace pertinente significar que el aprendizaje de los estudiantes dependerá en gran medida con el desarrollo de su independencia cognoscitiva, de su autonomía en el aprendizaje. El desarrollo de la independencia cognoscitiva es la finalidad del trabajo independiente.

Para favorecer la independencia cognoscitiva, es necesario cambiar la forma de conducir el aprendizaje mediante exposiciones pasivas, por la oportunidad de ser productivo o creativo mediante la propuesta y solución de las actividades. Para ello se requiere que en el diseño de estas se logren el tránsito del estudiante por los niveles de desempeño cognitivo. Para realizar un abordaje en torno a los niveles de desempeño

---

(15) SILVESTRE ORAMAS, MARGARITA. Aprendizaje, educación y desarrollo. – La Habana: Ed. Pueblo y Educación, 1999. -116p.

cognitivo se asumen las concepciones propuestas por Puig y un grupo de autores del ICCP (2003). (16)

El desempeño, implica el esfuerzo por la interpretación y el análisis, el planteo de hipótesis y el paso hacia la producción. Es posible cada vez que el estudiante participa en un contexto en el que actualiza y usa los saberes que aprendió a partir de los cuales deja ver ciertos dominios o muestra desempeños con pertinencia; sin embargo, no siempre, el estudiante hace de manera pertinente lo que hace en contextos que resultan ser inhibidores, como ocurre con frecuencia en la escuela y mucho más específico en el aprendizaje de los contenidos de Sistema Operativo y Sistema de Aplicación.

Esta situación es la que se afronta cuando se trata de elaborar pruebas de carácter masivo, desde las cuales se puedan establecer acercamientos a los desempeños de los estudiantes.

La experiencia muestra que no siempre los desempeños afloran cuando se trata de contextos regulados por un tiempo (el del transcurso de la prueba) y por la observación en el aula, en el desarrollo de la misma. Por eso se habla de aproximación o de acercamiento a los desempeños cognitivos de los estudiantes. Por eso se habla también de la prueba como pretexto para caracterizar los modos de leer, de escribir, de operar y de analizar problemas, según los desempeños que los estudiantes dejan ver en la prueba misma.

Cuando se habla de desempeño cognitivo se refiere al cumplimiento de lo que uno debe hacer en un área del saber de acuerdo con las exigencias establecidas para ello, de acuerdo, en este caso, con la edad y el grado escolar que alcanzan y cuando se trata de los niveles de desempeño cognitivo se refiere a dos aspectos interrelacionados, el grado de complejidad con que se quiere medir este desempeño cognitivo y al mismo tiempo la magnitud de los logros del aprendizaje que alcanzan en una asignatura determinada..

---

(16) PUIG, SILVIA. La mediación de la eficiencia en el aprendizaje de los alumnos. Una aproximación a los niveles de desempeño cognitivo._Soporte magnético. ICCP. La Habana, 2003.

En esta concepción pedagógica que constituye el principal soporte teórico de nuestra propuesta, que realizó Puig (2003), se consideran tres niveles de desempeño cognitivo vinculados a los logros del aprendizaje que alcanza el alumno:

Primer nivel (Reproductivo): Capacidad del alumno para utilizar las operaciones de carácter instrumental básicas de una asignatura dada, para ello deberá reconocer, identificar, describir e interpretar los conceptos y propiedades esenciales en los que se sustenta.

Segundo nivel (Aplicativo): Capacidad del alumno de establecer relaciones conceptuales, donde además de reconocer, describir e interpretar los conceptos deberá aplicarlos a una situación planteada y reflexionar sobre sus relaciones internas.

Tercer nivel (Creativo): Capacidad del alumno para resolver problemas, por lo que deberá reconocer y contextualizar la situación problemática, identificar componentes e interrelaciones, establecer las estrategias de solución, fundamentar lo que se realizó.

El alumno debe a partir de su diagnóstico pedagógico integral, transitar durante su aprendizaje de un nivel a otro y lograr alcanzar los objetivos de las asignaturas. A tal situación asumimos la concepción pedagógica abordada por Puig (2003), el cual considera que el profesor debe medir el desempeño de sus alumnos en sus clases, y este debe organizar de la siguiente forma:

I nivel, para que un alumno esté en este nivel debe responder más del 60% de las preguntas correspondientes a dicho nivel.

II nivel, para que un alumno esté en este nivel debe de alcanzar el I nivel y responder más del 50% de las preguntas correspondientes al II nivel.

III nivel, para que un alumno esté en este nivel debe de alcanzar el II nivel y responder más del 40% de las preguntas correspondientes al III nivel.

Esta posición teórica que se asume por el autor del trabajo para la elaboración de las actividades y la recomendación al profesor de como evaluar a sus estudiantes permite que se observe una interacción entre los niveles de desempeño cognitivo por lo que en las actividades propuestas se conceden incisos que contribuyen al tránsito del estudiante del primer al tercer nivel de desempeño cognitivo. El estudiante para alcanzar el segundo nivel debe de alcanzar el primer nivel y para alcanzar el tercero, deberá de alcanzar el segundo.

Estos niveles de desempeño cognitivo aunque no es lo mismo que los niveles de asimilación, guardan una estrecha relación, la cual se centra en lo siguiente: cuando el alumno transita por el primer nivel de desempeño cognitivo, aprende a un nivel de asimilación de familiarización y reproductivo; cuando el alumno transita por el segundo nivel, aprende a un nivel combinado, es decir, reproductivo – aplicativo y cuando el alumno transita por el tercer nivel aprende a un nivel aplicativo – creativo.

La ventaja de considerar los niveles de desempeño cognitivo en las actividades que se conciban para favorecer un aprendizaje formativo, radica en que se contribuye a regular y a autorregular el aprendizaje del estudiante de forma lógica y coherente para el aprendizaje de los estudiantes en los contenidos de más difícil comprensión de la asignatura Informática, es decir, de lo simple a lo profundo, sin escaldar etapas y en correspondencia con el diagnóstico integral.

Con el objetivo de favorecer el protagonismo del estudiante en la búsqueda activa del contenido, además de ofrecer procedimientos, es necesario hacer consciente al estudiante de cómo transcurre su aprendizaje, o sea cómo operan sus procesos mentales para aprender, para lo cual es efectivo que reflexionen de forma individual y en grupo sobre cómo procedieron para resolver situaciones problémicas y para el autocontrol.

La socialización en la clase como vía de control de la resolución de actividades sobre cómo opera cada estudiante para comprender, ejecutar, autocontrolar su resultado y el proceder, puede favorecer que todos realicen reflexiones sobre la estrategia particular ante la misma situación e incorporar lo que a otro le dio buenos resultados para perfeccionar su proceder individual, y es fundamental que contribuya a orientarse bien antes de ejecutar y autocontrolar cada acción.

Favorece también percatarse que ante una misma actividad puede haber procedimientos y resultados diversos que nos alerta que puede atenderse con carácter diferenciado en el trabajo independiente de los estudiantes. La consideración que hace el estudiante sobre para qué le sirve la actividad que resuelve, es una vía de reflexión constante para relacionar contenidos dependientes de la realidad, de la vida.

Y de estas reflexiones se impone un argumento más del por qué el autor considera y asume el aprendizaje formativo como vía para resolver el problema que se detecta en el estudio del diagnóstico realizado. La actividades al igual que cualquier otro componente del proceso de enseñanza – aprendizaje posee una determinada estructura didáctica.

Al analizar la estructura didáctica que proponen los autores ya antes referidos en torno a la tarea docente, el autor asume la propuesta realizada por Alonso (2004), la cual se contextualiza al aprendizaje de las asignaturas de la Educación Preuniversitaria y por niveles de desempeño cognitivo. A continuación nos referimos a la misma:

1. Objetivo: Habilidad ¿qué van a hacer los estudiantes?; Conocimiento ¿qué van a saber?; Nivel de profundidad ¿hasta dónde lo van a hacer?; Nivel de sistematicidad ¿en qué orden lógico lo van a hacer?; Intencionalidad educativa ¿qué cualidades, valores, aptitudes, sentimientos, motivaciones desarrollar en la personalidad del estudiante?

2. Nivel de desempeño cognitivo para el que se concebió (I, II o III).

Indicar de manera diferenciada y según el diagnóstico cognitivo de los estudiantes, para cuál de ellos estará dirigido. Se recomienda que los alumnos de nivel 1 realicen actividades de nivel 2, los de nivel 2 realicen actividades de nivel 3 y los de nivel 3 realicen actividades de ese mismo nivel. Aquellos estudiantes que aun no alcanzan el nivel 1, realicen actividades de ese mismo nivel. El profesor mediante la tabulación de la frecuencia de errores y los elementos del conocimiento, proyectará la actividad de forma que el estudiante transite desde el nivel 1 hasta el 3.

3. Situación de aprendizaje: en la cual se debe instruir, desarrollar y educar la personalidad del estudiante según su diagnóstico individual y social.

4. Medios de enseñanza que se requieren para el desarrollo de la actividad: Libros, hojas didácticas, láminas, maquetas, objetos reales, pizarrón, material bibliográfico, video, computadora, televisor, retroproyector, entre otros.

5. *Evaluación:* la cual se concebirá según la estrategia de cada profesor sobre la base de la propuesta realizada por Puig para la medición de los niveles de desempeño cognitivo explicada con anterioridad.

Proveniente del análisis que se realizó con anterioridad, Fraga (1997) plantea que la actividad tiene las funciones de: "reconstruir, construir, aplicar y sistematizar el conocimiento", aspecto que es válido considerar en el aprendizaje de la Computación desde una perspectiva formativa, aunque es bueno puntualizar que en nuestro contexto se centra más en la función de aplicar y sistematizar el conocimiento que aprende en la solución de problemas mediante el empleo de los sistemas informáticos. Con esta última reflexión se concluye el análisis que desde el punto de vista teórico se asume para la elaboración de las actividades.

Con ello finaliza la presentación de este subepígrafe, el cual sirvió de base para la elaboración de las actividades que se presentan en el próximo subepígrafe, como vía de solución al problema que se detectó en el diagnóstico realizado.

2.2- Actividades propuestas.

<u>**Actividad No.1**</u>

Título: Mi boletín informativo.

Objetivo: Redactar un boletín informativo en el que utilices el procesador de texto Microsoft Word de manera que los estudiantes tomen conciencia sobre la importancia que tiene el uso de este recurso para su preparación cultural.

Medios de enseñanza: Procesador de texto Microsoft Word.

Situación de aprendizaje:

A un grupo de estudiantes de 10mo grado le ordenaron redactar un boletín informativo para presentarlo en el matutino del centro, para ello se debe tener en cuenta los siguientes elementos: historia de los ordenadores y principales componentes.

a)   Utilice el procesador de texto Microsoft Word para elaborar el boletín

b)   Inserte letra capital al inicio del texto.

c) Inserte una tabla donde muestres la clasificación de los principales componentes de las computadoras.

Evaluación de la actividad:

Obtiene 10 puntos cuando:

1. Realiza la actividad en tiempo y forma.

2. Muestra dominio del contenido en la realización de todos los incisos.

3. Expone correctamente el resultado de la actividad con buena fluidez.

Obtiene 8 puntos cuando: realiza los incisos a) y b).

Obtiene 6 puntos cuando: realiza el inciso a).

Actividad No. 2

Título: Importancia del desarrollo de la Informática para el país.

Objetivo: Elaborar un documento en el que utilices el procesador de texto Microsoft Word en el que hay que tener en cuenta la importancia del desarrollo de la Informática para el país.

Medios de enseñanza: Procesador de texto Microsoft Word.

Situación de aprendizaje:

Un estudiante desea redactar un texto basándose en la importancia que tiene el desarrollo de la Informática para el país, para ello debe tener en cuenta:

a) Letra Arial 12, cursiva y justificada.

b) Márgenes: superior, inferior, izquierdo y derecho a 2,5 cm.

c) Guardar el documento como página Web.

Evaluación de la actividad:

Se utiliza la misma clave de evaluación propuesta en la actividad anterior.

Actividad No. 3

Título: Mi computadora.

Objetivo: Dibujar una computadora utilizando las herramientas que ofrece el procesador de texto Microsoft Word o el Paint con el propósito de formar una conciencia racionalizadora en los estudiantes.

Medios de enseñanza: Procesador de texto Microsoft Word.

Situación de aprendizaje:

Se desea realizar un dibujo de una computadora con sus periféricos utilizando el procesador de texto Microsoft Word o el Paint, para ello es necesaria la utilización de las herramientas que confiere la barra de dibujo.

a) Crea una carpeta en el escritorio con el nombre de "Mi computadora" y guarde el documento con el nombre "Mi PC".

b) Abra el documento y en la página siguiente inserte una tabla que contenga los siguientes gastos de consumo de electricidad de una computadora durante el período de una semana:

Día	Consumo (KW)
Lunes	4
Martes	3
Miércoles	2
Jueves	4
Viernes	5

c) Halle el consumo total de electricidad durante la semana y guarde el documento en la carpeta creada.

Evaluación de la actividad:

Se utiliza la misma clave de evaluación propuesta en la actividad No. 1.

Actividad No. 4

Título: Mi carpeta contra el bloqueo.

Objetivo: Crear carpetas que contengan documentos elaborados en el procesador de texto Microsoft Word para contribuir con una formación patriótica en los estudiantes.

Medios de enseñanza: Procesador de texto Microsoft Word.

Situación de aprendizaje:

Se quiere crear una carpeta en el escritorio identificada con el nombre de "Contra el bloqueo" y dentro de ella se pide:

a) Copiar el texto que se muestra más adelante en un documento nuevo de Word y guardarlo con el nombre de "Cuarenta años de bloqueo".

b) Configure las páginas con márgenes de 2 cm y tamaño de papel Carta.

c) Edite el título con fuente Comic Sans, tamaño 14, estilo negrita y alineación centrada.

d) Edite el resto del texto con fuente Arial, tamaño 12, estilo normal, alineación justificada y color negro.

e) Guarde las modificaciones como página Web.

Texto: Cuarenta años de bloqueo.

El bloqueo impuesto a Cuba durante más de 40 años es el más largo de la historia, aplicado, ampliado, y recrudecido por 10 administraciones norteamericanas, al punto de que el 70% de la población cubana ha nacido y vivido bajo sus nefastos efectos. Lo que empezó con la aplicación de medidas encaminadas a debilitar la economía cubana, provocar hambre, desesperación y el derrocamiento del gobierno revolucionario, es hoy una guerra económica contra nuestro país que se extiende a escala planetaria, no un problema bilateral entre Cuba y EE.UU., como estos últimos argumentan. Se aplica con carácter extraterritorial contra ciudadanos y empresas de otros países, en franca violación de los preceptos del derecho internacional y de la carta de la ONU, lo que obstaculiza las relaciones económicas de la isla con el resto del mundo.

Evaluación de la actividad:

Obtiene 10 puntos cuando:

1. Realiza la actividad en tiempo y forma.

2. Muestra dominio del contenido en la realización de todos los incisos.

3. Expone correctamente el resultado de la actividad con buena fluidez.

Obtiene 8 puntos cuando: realiza los incisos a), b) y c).

Obtiene 6 puntos cuando: realiza el inciso a) y b).

Actividad No. 5

Título: Creación de una carpeta.

Objetivo: Crear carpeta en una unidad de almacenamiento para posteriormente guardar un documento de Microsoft Word.

Medios de enseñanza: Procesador de texto Microsoft Word.

Situación de aprendizaje:

Se quiere crear una carpeta en la torre D identificada con el nombre de "Medio Ambiente" y dentro de ella se pide:

a) Copiar el texto que se muestra más adelante en un documento nuevo de Word y guardarlo con el nombre de "Flora y Fauna Cubanas", tipo de fuente por Arial tamaño 12.

b) Configure las páginas con márgenes de 2,5 cm y tamaño de papel A4.

c) Inserte un pie de página con el significado de la palabra "libertad "que buscarás en el diccionario de la Enciclopedia Encarta.

d) Guarde el documento en la carpeta con su nombre.

Texto: Flora y Fauna Cubanas.

Cuba cuenta con una amplia variedad de vegetación tropical. En la parte oriental se encuentran grandes extensiones cubiertas por bosques. La especie de árbol predominante es la palma, de la que Cuba posee más de 30 especies endémicas y la que más se destaca es la palma real. Otras especies de la flora autóctona son: pino, caoba, ébano, encina y mangle. Entre los árboles y plantas frutales destacan el banano y los cítricos.

Uno de los mamíferos terrestres nativos es la jutía o almiquí. En la isla se encuentran un gran número de murciélagos, como el murciélago mariposa, y cerca de 300 especies de aves, en especial rabijunco, cayama (véase Cigüeña), catey o periquito de Cuba, flamenco, grulla, loro, zunzuncito y otros. Entre los escasos reptiles de la isla se encuentran la tortuga, la iguana, el cocodrilo y una especie de boa que puede alcanzar los 3,7 m de longitud.

Cuba cuenta con numerosos parques nacionales repartidos por todo su territorio nacional, que presentan abundante flora y fauna. Algunos de ellos son: Baitiquiri Cajobabo, Ciénaga de Lanier, El Faro, La Güira, Pico de Potrerillo y Valle de Viñales. En 2001 existían 36 especies en peligro de extinción.

Evaluación de la actividad:

Obtiene 10 puntos cuando:

1.   Realiza la actividad en tiempo y forma.

2.   Muestra dominio del contenido en la realización de todos los incisos.

3.   Expone correctamente el resultado de la actividad con buena fluidez.

Obtiene 8 puntos cuando: responde los incisos a), b) y c).

Obtiene 6 puntos cuando: responde los incisos a), b).

Actividad No. 6

Título: Promedio de edades.

Objetivo: Crear tablas en el procesador de texto Microsoft Word para obtener el promedio de edades con el auxilio de la calculadora como accesorio del Sistema Operativo Windows.

Medios de enseñanza: Calculadora del Sistema Operativo Windows y el procesador de texto Microsoft Word.

Situación de aprendizaje:

En una escuela primaria hay seis maestros, uno para cada grado los cuales se llaman Beatriz, Roxana, Alicia, José, Pedro y Yudelmis, Sus edades son 28, 42, 53, 51, 35 y 27 años respectivamente. Se quiere determinar el promedio de todas las edades. Para efectuar dicha actividad utilice el procesador de texto Microsoft Word y la calculadora del Sistema Operativo Windows.

a)   Utilizando los datos anteriores cree una tabla donde aparezca el promedio de edad de los maestros.

b)   Con ayuda de la calculadora del Sistema Operativo Windows determine el promedio de las edades y copie el resultado en el documento.

c)   Cree una carpeta con el nombre de "Maestros" y guarde el documento.

Evaluación de la actividad:

Obtiene 10 puntos cuando:

1.   Realiza la actividad en tiempo y forma.

2.   Muestra dominio del contenido en la realización de todos los incisos.

3.   Expone correctamente el resultado de la actividad con buena fluidez.

Obtiene 8 puntos cuando: realiza los incisos a) y b).

Obtiene 6 puntos cuando: realiza el inciso a).

Actividad No. 7

Título: Un accesorio de Windows.

Objetivo: Caracterizar la herramienta de dibujo Paint a través de las posibilidades que brinda el procesador de texto Microsoft Word.

Medios de enseñanza: Libro de texto y procesador de texto Microsoft Word.

Situación de aprendizaje:

A un estudiante le orientaron la tarea de redactar un párrafo en el que se expongan algunas de las características principales de la herramienta de dibujo Paint.

a)   Cree una nueva carpeta en Mis documentos y póngale el nombre de "Tarea".

b)   Redacte el párrafo utilizando el procesador de texto Microsoft Word y guarde el documento en la carpeta creada, con el nombre de "Características".

c) Cree un acceso directo del documento en el escritorio para tener un rápido acceso a él, en caso de que haya que realizarle cambios.

Evaluación de la actividad:

Obtiene 10 puntos cuando:

1. Realiza la actividad en tiempo y forma.
2. Muestra dominio del contenido en la realización de todos los incisos.
3. Expone correctamente el resultado de la actividad con buena fluidez.

Obtiene 8 puntos cuando: realiza los incisos a) y b).

Obtiene 6 puntos cuando: realiza el inciso a).

Actividad No. 8

Título: Relación hombre – ordenador.

Objetivo: Insertar imágenes relacionadas con la relación hombre – ordenador en un documento de Microsoft Word teniendo en cuenta el algoritmo para el desarrollo de habilidades.

Medios de enseñanza: Libro de texto, Paint y procesador de texto Microsoft Word.

Situación de aprendizaje:

El profesor de Informática le orientó a sus estudiantes que elaboraran un esquema utilizando la herramienta Paint, donde se ponga de manifiesto la relación hombre – ordenador.

a) Guarde el esquema obtenido en formato jpg.

b) Cree un documento en Microsoft Word con el nombre de "Esquema".

c) Inserte la imagen creada con anterioridades una página del documento.

d) Cree una carpeta con el nombre de "Hombre – ordenador" y guarde el documento.

Evaluación de la actividad:

Obtiene 10 puntos cuando:

1. Realiza la actividad en tiempo y forma.

2. Muestra dominio del contenido en la realización de todos los incisos.

3. Expone correctamente el resultado de la actividad con buena fluidez.

Obtiene 8 puntos cuando: responde los incisos a), b) y c).

Obtiene 6 puntos cuando: responde los incisos a), b).

Actividad No. 9

Título: Copiado de un disco.

Objetivo: Copiar archivos desde un disco de 3½ hacia Mis documentos teniendo en cuenta el orden de las actividades abordadas en un documento de Microsoft Word.

Medios de enseñanza: Libro de texto, procesador de texto Microsoft Word, disco de 3½ y Sistema Operativo.

Situación de aprendizaje:

Abra el documento que se nombra "Procedimiento" que se encuentra en el escritorio y realice la actividad que contiene.

Se quiere hacer la copia íntegra de un disco de 3½ a Mis documentos. En tal caso, utilice la ventana Mi PC o Explorador de Windows, para ello emplee el procedimiento siguiente:

1. Hacer clic en el objeto disco de 3½ del panel izquierdo del Explorador.

2. Seleccionar el contenido que aparece en el panel derecho del Explorador.

3. Dar clic en la opción copiar de la barra de herramienta del Explorador.

4. Hacer doble clic en mis documentos.

5. Hacer clic en la opción pegar de la barra de herramienta del Explorador.

6. Hacer clic en el botón cerrar de la barra de herramienta del Explorador.

Evaluación de la actividad:

Obtiene 10 puntos cuando:

1. Realiza los pasos lógicos en tiempo y forma.

2. Muestra dominio del contenido en la realización del procedimiento a seguir.

3. Pone correctamente el resultado de la actividad con buena fluidez.

Obtiene 8 puntos cuando: realiza los pasos 1, 2, 3 y 4.

Obtiene 6 puntos cuando: realiza los pasos 1 y 2.

Actividad No. 10

Título: Nuestro huerto escolar.

Objetivo: Insertar tablas en un documento en blanco del procesador de texto Microsoft Word para determinar el promedio con la ayuda de la calculadora, así como la representación gráfica de los resultados obtenidos con la utilización del Paint.

Medios de enseñanza: Procesador de texto Microsoft Word, el Paint y la calculadora del Sistema Operativo.

Situación de aprendizaje:

Un colectivo de profesores y estudiantes de un preuniversitario, sensibilizados con la importancia que tiene para la salud humana el consumo de vegetales, decidieron crear un huerto. En el transcurso de los meses de enero a marzo obtuvieron una buena producción de lechuga, tomate y zanahoria. Se quiere hacer un breve informe se relacionen dichas producciones, para ello deberán emplear los datos que aparecen a continuación, para realizar el informe utilice el procesador de texto Microsoft Word y para completar la actividad auxíliate del Paint y la calculadora del Sistema Operativo.

Meses	Lechuga	Tomate	Zanahoria
Enero	1251 Kg.	878 Kg.	2024 Kg.
Febrero	1037 Kg.	915 Kg.	1730 Kg.
Marzo	921 Kg.	901 Kg.	1528 Kg.

a) Diseñe una tabla con los datos anteriores y determine el total de la producción obtenida por meses y el total y el promedio de la producción de cada vegetal.

b) Utilizando el Paint realice una representación gráfica de los resultados obtenidos en la producción total de cada vegetal.

c)   Copie el gráfico obtenido en el Paint hacia el documento.

d)   Cree una carpeta con el nombre de "Producciones" y guarde el documento con el nombre de Informe Trimestral.

Evaluación de la actividad:

Obtiene 10 puntos cuando:

1.   Realiza la actividad en tiempo y forma.

2.   Muestra dominio del contenido en la realización de todos los incisos.

3.   Expone correctamente el resultado de la actividad con buena fluidez.

Obtiene 8 puntos cuando: responde los incisos a), b) y c).

Obtiene 6 puntos cuando: responde los incisos a), b).

EPÍGRAFE No. III. CONSTATACIÓN DE LOS RESULTADOS INICIALES Y FINALES.

En la investigación realizada se utilizó una población de 51 estudiantes de décimo grado del Centro Mixto "Alfredo Corcho Cinta" que cuenta con dos grupos, para ello se empleó una muestra de 20 estudiantes que fueron seleccionados al azar, lo que representa el 39,2% con respecto a la población.

Para afianzar el proceso de investigación se aplicaron entrevista a docentes que imparten la asignatura de Informática *(anexo 2)*, guía para la observación y evaluación de la clase *(anexo 3)*, así como encuesta a estudiantes de décimo grado *(anexo 4)*.

En la entrevista realizada *(anexo 2)* a los docentes que imparten la asignatura de Informática se pudo verificar que solo dos profesores llevan un año con la asignatura de Informática, mientras que uno lleva más de 10 años. Los tres docentes consideran que la Informática constituye un eslabón esencial en la formación de una cultura general integral, aunque abordan que es un proceso que surgió de forma espontánea y que está en constante transformación, así como evalúan de regular el estado de la formación de habilidades informáticas en los alumnos, al culminar el aprendizaje del programa de Informática pues argumentan de que necesitan de más preparación al respecto para enfrentarse a los diferentes problemas que se presentan en el aula.

Se pudo visitar tres clases orientadas a partir de una guía para la observación y evaluación de la clase *(anexo 3)*, y se observaron algunas insuficiencias en los siguientes indicadores:

- Aseguramiento del nivel de partida mediante la comprobación de los conocimientos, habilidades y experiencias precedentes de los alumnos.

- Motivación y disposición hacia el aprendizaje de modo que el contenido adquiera significado y sentido personal para el alumno.

- Realización de tareas de aprendizaje variadas y diferenciadas que exigen niveles crecientes de asimilación, en correspondencia con los objetivos y el diagnóstico.

- Utilización de métodos y procedimientos que promueven la búsqueda reflexiva, valorativa e independiente del conocimiento.

- Utilización de formas (individuales y colectivas) de control, valoración y evaluación del proceso y el resultado de las tareas de aprendizaje de forma que promuevan la autorregulación de los alumnos.

En la encuesta aplicada a 20 estudiantes de décimo grado *(anexo 4)* se pudo verificar que los profesores de Informática a veces emplean en sus clases el procesador de texto Microsoft Word para favorecer el aprendizaje de los estudiantes. Más del 90% se sienten más motivados cuando utilizan el procesador de texto Microsoft Word, destacan que ellos evalúan de regular el aprendizaje de los estudiantes a través del procesador de texto Microsoft Word, lo que quisieran que siempre se utilizara el procesador de texto Microsoft Word para favorecer el aprendizaje, y afirman además, que les gustaría que se utilizara otros medios u otras vías para favorecerlo, por lo que consideran importante el uso del procesador de texto Microsoft Word para favorecer el aprendizaje de los estudiantes por ser un sistema de rápido acceso donde el estudiantes puede realizar diferentes tareas.

Durante el proceso se realizó una Prueba Pedagógica de Entrada (PPE) y una Prueba Pedagógica de Salida (PPS) para constatar la situación inicial de los estudiantes en el desarrollo del aprendizaje en la unidad 1: Profundización del Sistema Operativo de la asignatura Informática, así como diagnosticar el nivel de habilidades obtenidas.

Los resultados obtenidos en este proceso de diagnóstico fueron tabulados a partir del método matemático-estadístico, el cual influyó en la determinación de la muestra a estudiar, así como en el procesamiento de la información recopilada y facilitar de este modo las generalizaciones e interpretaciones que se realizaron a partir de los datos por lo que nos apoyamos en el cálculo porcentual.

Para esta actividad nos auxiliamos de Microsoft Excel que es una hoja electrónica de cálculo que integra el Paquete de Office, y por lo tanto es un Sistema de Aplicación diseñado para el cálculo numérico, la recalculación automática y la gestión de datos, basado en el procesamiento electrónico e interactivo de los mismos, organizados de forma tabular, que además permitió:

- Realizar representaciones gráficas de los datos y de sus relaciones.

- Generar las tablas de los datos, a partir de las condiciones dadas en el problema.

- Determinación de la apariencia de los datos y de la propia tabla, manifestándose en la tabulación de los datos obtenidos en las Pruebas de Entrada y de Salida.

- Generación de una nueva tabla que expresa los resultados del procesamiento de los datos entre la comparación de la Prueba de Entrada y la Prueba de Salida.

- Generación de gráficos que ilustran el comportamiento de los datos y los resultados de su procesamiento.

A través de la Prueba Pedagógica de Entrada (PPE) (anexo 1) se pudo comprobar los resultados que se muestran en el *anexo 5*, constatándose un 60% de estudiantes aprobados en la pregunta1, por lo demuestra que el 40% desconoce el significado de computadora u ordenador, así como no conocen los componentes que integran a las computadoras, mientras que en la pregunta 2, diez estudiantes la aprobaron lo que representa el 50%, no siendo así el resto quien no domina el concepto de software. La tercera pregunta fue aprobada por 10 estudiantes por lo que el resto no lograron a valorar la importancia que revisten las computadoras para el desarrollo tecnológico del país. La cuarta pregunta le dieron respuesta 3 estudiantes por lo que el resto no dominan los elementos que pertenecen al escritorio y la quinta pregunta, conocen el procedimiento para acceder al Explorador de Windows 5 alumnos para un 25%.

Para constatar la efectividad de las tareas se utilizó una prueba de salida a la misma muestra utilizada en el proceso pudiéndose observar que solo 11 estudiantes contestaron bien la primera pregunta para un 55% de aprobados, la segunda pregunta la aprobaron 17 para un 85%, la tercera 15 para un 75%, la cuarta 11 para un 55% y la quinta 7 para un 35%, demostrándose un mayor rendimiento en el aprendizaje de los estudiantes.

Al comparar los resultados iniciales con los finales *(anexo 8)* a partir de la implementación de la Prueba Pedagógica de Entrada (PPE) y la Prueba Pedagógica de Salida (PPS) se pudo constatar que el mayor porciento de alumnos aprobados se logró después de haberse puesto en práctica las actividades, lo que conllevó a que aprobaran 15 estudiantes de 20 examinados.

CONCLUSIONES

Este trabajo es el resultado de la investigación realizada en la búsqueda de métodos y procedimientos para favorecer el aprendizaje de los estudiantes de décimo grado de la Educación Preuniversitaria hacia algunos contenidos de Informática que son de difícil comprensión por parte de ellos. Para ello se debe tener en cuenta como presupuesto teórico lo conocido hasta hoy para la enseñanza del Sistema Operativo empleando el procesador de texto Microsoft Word.

RECOMENDACIONES

A partir de los resultados obtenidos con la puesta en práctica de las actividades, recomendamos:

- Desarrollar trabajos investigativos dirigidos al tratamiento metodológico de los procedimientos básicos más utilizados en la unidad 1: Profundización del Sistema Operativo que se imparte en el décimo grado de la Educación Preuniversitaria.

- Realizar una aplicación experimental de este trabajo como una concepción didáctica y tener en cuenta la utilización de los procesadores de texto como herramientas de aprendizaje.

BIBLIOGRAFÍA

AGUILERA, A. (2005) "Introducción a las dificultades del Aprendizaje". España, McGraw-Hill/Interamericana de España, S.A.U.

ALBUERNE, F. (1994) Estilos de aprendizaje y desarrollo: una perspectiva evolutiva, p.19-24. Revista Infancia y Aprendizaje, No.67-68, Madrid.

ALONSO BETANCOURT, LUIS A. La concepción de tareas por niveles de desempeño cognitivo y atendiendo a las características y tipologías de los ítems: una alternativa para la dirección del aprendizaje en la escuela politécnica cubana actual. – Holguín: ISP, 2004. – 21 h. – (Material en soporte magnético).

ÁLVAREZ DE ZAYAS, CARLOS M: Didáctica: la escuela en la vida. Ed. Pueblo y Educación. 1999 (tercera edición corregida y aumentada). Ciudad de La Habana, Ciudad de La Habana, 1982.c

ARIAS GÓMEZ, D.H. (2005) "Enseñanza y Aprendizaje de las Ciencias Sociales: Una propuesta didáctica". Bogotá. Cooperativa Editorial Magisterio.

BARCA, A.; CABONADE, R. Y OTROS (1994) Procesos básicos de aprendizaje y aprendizaje escolar. Servicio de Publicaciones. Universidad Da Coruña, España.

BARRÓN, A. (1993) Aprendizaje por descubrimiento, p.3-11. Revista de Enseñanza de las Ciencias, No.1, Vol.11, España.

BERNAD, J. (1988) Las estrategias de aprendizaje. Nueva agenda para el éxito escolar, p.135-148. Revista Enseñanza, No. 6. Universidad de Salamanca.

BONET, E. Y AYUSO, E. (1995) Problemática didáctica de la genética en la enseñanza secundaria. Evento Internacional Pedagogía`95. Palacio de las Convenciones, La Habana.

CANOVAS, LESBIA. Compendio de Pedagogía. La Habana: Ed. Pueblo y Educación, 2002. – 345 p.

CONTRERAS, I. (1995) ¿Qué aportes ofrece la investigación más reciente sobre aprendizaje para fundamentar nuevas estrategias didácticas?, p. 7-16. Revista Educación, No.1, Costa Rica.

CASTELLANOS, A. (1996) Aprendizaje grupal: reflexiones en torno a una experiencia. III Taller Internacional sobre la Educación Superior y sus perspectivas, La Habana.

DARÓS, W. (1991) Aprendizaje y educación en el contexto del humanismo, p.261-286. Revista Española de Pedagogía, No. 189, Mayo-Agosto, Madrid.

DOVAL, L. y otros (1993) Estilos docentes y discentes: Consideraciones pedagógicas a la luz de la neurociencia, p. 311-323. Revista Española de Pedagogía, No. 195, Mayo-Agosto, Madrid.

DURÁN, B. (1995) El proceso docente-educativo como un proceso comunicativo. En Comunicación Educativa. Editorial Pueblo y Educación, La Habana.

EXPÓSITO RICARDO, CARLOS. Algunos elementos de la metodología de la enseñanza de la Informática. /...et.al. – Ciudad de La Habana, ISP Enrique José Varona, 2001. -53 p.

_____. La Informática Educativa en la escuela cubana: Una Concepción Didáctica. – Trabajo presentado en Pedagogía '97. La Habana, 1997.

FELDMAN, R.S. (2005) "Psicología: con aplicaciones en países de habla hispana". (Sexta Edición) México, McGrawHill.

FRAGA RODRÍGUEZ, Rafael. Metodología de las áreas profesionales. -1997. -37h. – Material mimeografiado. – ISPETP, La Habana, 1997.

GASCÓN, M. (1990) Instinto y aprendizaje. Nuevas respuestas a viejas interrogantes, p.97-114. Revista Cuyo Educación, Mendoza, Argentina.

GENER NAVARRO, ENRIQUE J. Metodología de la enseñanza de la Computación. La Habana: Departamento de Computación del Instituto Superior Pedagógico "Enrique José Varona", 1995.

GENER NAVARRO, ENRIQUE J. Y OTROS. Elementos de Informática Básica. La Habana: Ed. Pueblo y Educación, La Habana, 2000. -212 p.

GOMEZ FERRAL, ANA IRMA. Informática Educativa: un reto para el maestro. La Habana: Ed. Pueblo y Educación, 1990. – p.84 – 93.

GOMEZ GUTIERREZ, LUIS I. Tendencias actuales del desarrollo de la educación en Cuba. Conferencia especial en Pedagogía´93. MINED, 1993.

GOMEZ VICTOR, MANUEL. La Informática: nuevo reto al sistema educativo. En: Revista Ciencia, Tecnología y Desarrollo. – Colombia, enero - Junio 1987.

GONZALEZ MAURA, VIVIANA. Psicología para educadores. Ciudad de La Habana: Editorial Pueblo y Educación, 1995. – 291p.

GONZÁLEZ SOCA, Ana María. Nociones de sociología, psicología y pedagogía. / Ana María González Soca y Carmen Reinoso Cápiro. – La Habana: Ed. Pueblo y Educación. La Habana, 2002. – 315 p.

GONZÁS. (2007) "Didáctica o dirección del aprendizaje". Bogotá. Cooperativa Editorial Magisterio.

GUIRAO H, PEDRO. Diccionario de la Informática. La Habana: Edición Revolucionaria, 1986.

HENAO ALVAREZ, OCTAVIO. Efectos del uso del procesador de textos y gráficos en el desarrollo de habilidades de escritura de niños de 6to grado/ Octavio Henao Álvarez, Kuz Estela Geraldo, L. En: Memorias del Congreso: Computadora, Educación y Sociedad. – República Dominicana: 9 – 12 de Junio 1992. – p. 408 – 430.

KLIMBERG, LOTHAR. Introducción a la didáctica general. La Habana: Ed. Pueblo y Educación, 1981.

LA INFORMÁTICA EN LA ENSEÑANZA SECUNDARIA. Producto de la Comisión de la Federación Internacional para el procesamiento de la Informática (IFIP), bajo los auspicios de la UNESCO. UNESCO, París, 1994 p. 33 – 78.

MARTÍ, E. (1995) Metacognición, desarrollo y aprendizaje. Dossier documental, p. 115-126. Revista Infancia y Aprendizaje, No.72, Madrid.

MEDINA, A. (1994) Aportaciones del enfoque vygotskyano a la tecnología educativa, p. 83-96. Revista Tecnología y Comunicación Educativas, No.24, Julio-Septiembre, México, D.F.

MESA ACOSTA, OLIVIA. Consideraciones sobre la introducción de la técnica de Computación en la educación. -1988. -Trabajo de curso. -Instituto Superior Pedagógico "Enrique José Varona", La Habana, 1988.

MICROSOFT CORPORATION. Word para Windows´95: Paso a paso. – Madrid: Ed. Mc Graw –Hill/Interamericana de España, 1995.

MIJANS MARTINEZ, ALBERTINA. Creatividad, personalidad y educación. – La Habana: Ed. Pueblo y Educación, 1995. – 154 p.

MINED. Programa de Informática 1mo grado para la Educación Preuniversitaria. Vigente a partir del curso 2004-2005. Documento digital.

O`SHEA, T. Y SELF, J. (1989) Enseñanza y aprendizaje con ordenadores. Inteligencia artificial en educación. Editorial Científico-Técnica, La Habana.

ORTIZ TORRES, Emilio. Las concepciones contemporáneas sobre el aprendizaje. – 2002. – 22 h. – Soporte Magnético. – AECES, Universidad Holguín, 2002.

PEREZ FERNANDEZ, VICENTA. La enseñanza de la Computación más allá de la computadora. / Vicenta Pérez Fernández, María del Pilar de la Cruz Fernández. -- p. 18-25. – En Educación. – no. 83. – sept.-dic. 1994.

RAMIREZ GARCÍA, JOSE. Introducción a la Computación. --Ciudad de la Habana: Ed. Pueblo y Educación, 1982, -- 196 p.

RICO MONTERO, Pilar. La Zona de Desarrollo Próximo (ZDP). Procedimientos y Tareas de Aprendizaje. – Soporte magnético. – 45 h. – 2003.

RIVA AMELLA, J.L. (2009) "Cómo estimular el aprendizaje". Barcelona, España. Editorial Océano.

RODRÍGUEZ LAMAS, RAÚL. Introducción a la Informática Educativa. Universidad de Pinar del Río Hermanos Sainz, Pinar del Río, 2000. – 152 p.

RODRÍGUEZ, M. (1993) La representación y el aprendizaje de conceptos, p. 59-71. Revista Tarbiya, No.3, España.

PUIG, SILVIA. La mediación de la eficiencia en el aprendizaje de los alumnos. Una aproximación a los niveles de desempeño cognitivo._Soporte magnético. ICCP. La Habana, 2003.

TALÍZINA, N. (1987) La formación de la actividad cognoscitiva de los escolares. Departamento de Estudios para el Perfeccionamiento de la Educación Superior. Universidad de La Habana.

TRAVERS, R. (1976) Fundamentos del aprendizaje. Santillana, S.A., Madrid.

TURNER, L. Y CHÁVEZ, J. (1989) Se aprende a aprender. Editorial Pueblo y Educación, La Habana.

VAQUERO SÁNCHEZ, ANTONIO: Reflexiones para implantar la enseñanza de la Informática en Congreso colombiano de Informática (marzo- abril 1998)

VIGOTSKY, L. (1985) Historia del desarrollo de las funciones psíquicas superiores. Editorial Científico-Técnica, La Habana.

ANEXO 1. PRUEBA PEDAGÓGICA DE ENTRADA (PPE).

Objetivo: Explorar el nivel de desarrollo alcanzado por los alumnos en cuanto al aprendizaje en la unidad 1: Profundización del Sistema Operativo y sus habilidades en el uso de la computadora.

1-) ¿Qué es una computadora u ordenador?

a) ¿Qué componentes integran a las computadoras?

2-) ¿A que llamamos software?

3-) Las computadoras revisten gran importancia para el desarrollo tecnológico del país. Justifique la afirmación anterior.

4-) Marque con una (x) los elementos que pertenecen al escritorio.

__ Microsoft Word

__ Iconos

__ Papel tapiz

__ Barra de título

__ Barra de tarea

5-) Mencione el procedimiento para acceder al Explorador de Windows.

ANEXO 2: ENTREVISTA A DOCENTES QUE IMPARTEN LA ASIGNATURA DE INFORMÁTICA.

Objetivo: Diagnosticar el estado actual del aprendizaje de los estudiantes de décimo grado al culminar la unidad 1: Profundización del Sistema Operativo del programa de estudio de la asignatura Informática a través del uso del procesador de texto Microsoft Word.

Compañero, con sinceridad, responda a cada pregunta que a continuación le relacionamos y que constituirá un valioso aporte para nuestra investigación.

1-) ¿Cuántos años de experiencia lleva usted impartiendo la asignatura de Informática?

___ Un año   ___ 3 años   ___ de 3 a 10   ___ más de 10

2-) ¿Considera usted que la formación de habilidades informáticas constituye un eslabón esencial en la formación de una cultura general integral?

Si ___   No ___   No sé ___

a) Argumente al respecto.

3-) ¿Cómo evalúa el estado de la formación de habilidades informáticas en los alumnos, al culminar el aprendizaje el estudio de la unidad 1: Profundización del Sistema Operativo del programa de estudio de la asignatura Informática a través del uso del procesador de texto Microsoft Word?

Bueno___   Regular___   Malo___

a) Argumente al respecto.

4-) Tiene algo que nos pueda recomendar para el éxito de nuestro trabajo.

ANEXO 3: GUÍA PARA LA OBSERVACIÓN Y EVALUACIÓN DE LA CLASE.

Datos Generales:

Grado: _____ Grupo: ___ Matrícula: _____ Asistencia: _____

Nombre del docente:

_____

Licenciado_____

Asignatura: _____

Tema de la clase:

_____

Forma de organización del proceso: _____Tiempo de duración: _____

Instancia que realiza la observación

_____

Nombre, cargo y categoría del observador:

_____

INDICADORES A EVALUAR	B	R	M
Dimensión I: Organización del proceso de enseñanza aprendizaje.			
1.1. Planificación de la clase en función de la productividad del proceso de enseñanza-aprendizaje.			
1.2. Aseguramiento de las condiciones higiénicas y de organización del proceso de enseñanza-aprendizaje.			
Dimensión II: Motivación y orientación hacia los objetivos.			
2.1. Aseguramiento del nivel de partida mediante la comprobación de los conocimientos, habilidades y experiencias precedentes de los alumnos.			
2.2. Establecimiento de los nexos entre lo conocido y lo nuevo por conocer.			
2.3. Motivación y disposición hacia el aprendizaje de modo que el contenido adquiera significado y sentido personal para el alumno.			
2.4. Orientación hacia los objetivos mediante acciones reflexivas y valorativas de los alumnos teniendo en cuenta para qué, qué, cómo y en qué condiciones van a aprender.			
Dimensión III: Ejecución de las tareas en el proceso de enseñanza-aprendizaje.			
3.1 Dominio del contenido.			
3.1.1. No hay omisión de contenidos.			
3.1.2. No hay imprecisiones o errores de contenido			

3.1.3. Coherencia lógica.			
3.2. Se establecen relaciones intermateria o/e interdisciplinarias.			
3.3 Se realizan tareas de aprendizaje variadas y diferenciadas que exigen niveles crecientes de asimilación, en correspondencia con los objetivos y el diagnóstico.			
3.4. Se utilizan métodos y procedimientos que promueven la búsqueda reflexiva, valorativa e independiente del conocimiento.			
3.5. Se promueve el debate, la confrontación y el intercambio de vivencias y estrategias de aprendizaje, en función de la socialización de la actividad individual.			
3.6. Se emplean medios de enseñanza que favorecen un aprendizaje desarrollador, en correspondencia con los objetivos.			
3.7. Se estimula la búsqueda de conocimientos mediante el empleo de diferentes fuentes y medios.			
3.8. Se orientan tareas de estudio independiente extractase que exijan niveles crecientes de asimilación, en correspondencia con los objetivos y el diagnóstico.			
Dimensión IV: Control y evaluación sistemáticos del proceso de enseñanza-aprendizaje.			
4.1. Se utilizan formas (individuales y colectivas) de control, valoración y evaluación del proceso y el resultado de las tareas de aprendizaje de forma que promuevan la autorregulación de los alumnos.			
Dimensión V: Clima psicológico y político-moral.			
5.1 Se logra una comunicación positiva y un clima de seguridad y confianza donde los alumnos expresen libremente sus vivencias, argumentos, valoraciones y puntos de vista.			
5.2. Se aprovechan las potencialidades de la clase para la formación integral de los alumnos, con énfasis en la formación de valores como piedra angular en la labor político-ideológica.			
5.3. Contribuye con su ejemplo y con el uso adecuado de estrategias de trabajo a la formación integral de sus estudiantes.			

ANEXO 4: ENCUESTA A ESTUDIANTES DE DÉCIMO GRADO.

Objetivo: Diagnosticar el estado actual del aprendizaje de los estudiantes, así como el uso del procesador de texto Microsoft Word en clases.

Estudiante: Le solicitamos que responda con sinceridad cada una de las preguntas que a continuación se relacionan:

1-) Los profesores de Informática emplean en sus clases el procesador de texto Microsoft Word.

Si____   No____   A veces____

2-) Ustedes se sienten más motivados cuando utilizan el procesador de texto Microsoft Word.

Si____   No____   A veces____

3-) ¿Qué evaluación ustedes le darían al uso del procesador de texto Microsoft Word?

____Bien   ____Regular   ____Mal

4-) ¿Quisieran que siempre se utilizara el procesador de texto Microsoft Word en las clases?

____ Siempre   ____Casi siempre   ____Nunca

5-) Les gustaría que se utilizara otros medios u otras vías para favorecer el aprendizaje de habilidades informáticas.

Si____   No____   A veces____   No sé____

6-) Considera importante el uso del procesador de texto Microsoft Word.

Si____   No____   No se____

¿Por qué?

ANEXO 5. RESULTADOS DE LA PRUEBA PEDAGÓGICA DE ENTRADA (PPE).

Tabla que muestra la tabulación de los resultados obtenidos en la prueba de entrada antes de la aplicación de las actividades.

No de Muestra	Preguntas				
	1	2	3	4	5
1	X	X	X		
2		X	X		
3	X				
4	X				
5		X			
6		X		X	
7			X		
8				X	
9		X	X		
10	X				
11	X	X			
12		X	X		X
13			X		X
14		X	X		
15					X
16	X			X	
17		X	X		X
18			X		X
19	X	X			
20	X		X		
Total de aprobados	12	10	10	3	5
% de aprobados	60	50	50	15	25

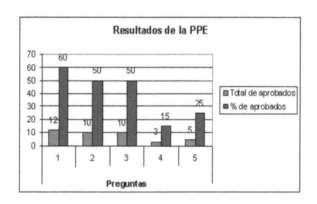

ANEXO 6. PRUEBA PEDAGÓGICA DE SALIDA (PPS).

Objetivo: Explorar el nivel de desarrollo alcanzado por los alumnos en cuanto al aprendizaje de habilidades informáticas, así como el dominio del contenido.

1-) ¿A qué llamamos computadora u ordenador?

a) Mencione sus partes.

2-) La computadora está integrada por diferentes dispositivos. Menciónalos.

3-) Mencione los elementos que integran el escritorio de Windows.

a) Explique uno de ellos.

4-) Crea una carpeta en Mis Documentos con el nombre de "Mi carpeta" y dentro de esta guarde archivos que contengan las extensiones: mpg, avi, doc, txt, bmp.

5-) ¿Cuál procedimiento usted emplearía para acceder al paquete de Microsoft Office?

ANEXO 7. RESULTADOS DE LA PRUEBA PEDAGÓGICA DE SALIDA (PPS).

Tabla que muestra la tabulación de los resultados obtenidos en la prueba de salida después de la aplicación de las actividades.

No de Muestra	Preguntas				
	1	2	3	4	5
1	X	X	X	X	X
2	X	X	X		
3	X	X			
4	X	X		X	
5		X	X	X	
6		X	X	X	
7		X	X	X	
8		X	X	X	
9		X	X		
10	X	X	X		
11	X	X	X		
12		X	X		X
13			X	X	X
14		X	X		
15				X	X
16	X			X	X
17	X	X	X		X
18	X	X	X	X	X
19	X	X		X	
20	X	X	X		
Total de aprobados	11	17	15	11	7
% de aprobados	55	85	75	55	35

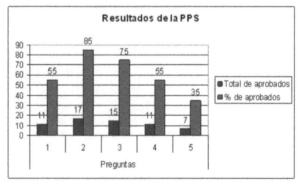

ANEXO 8. COMPARACIÓN DE LOS RESULTADOS DE LA PPE Y LA PPS.

Tabla que muestra la comparación de los resultados obtenidos en la Prueba Pedagógica de Entrada (PPE) y la Prueba Pedagógica de Salida (PPS).

Evaluación	PPE	PPS
-60	17	5
60-69	3	12
70-79		
80-89		
90-99		1
100		2
Total	**20**	**20**

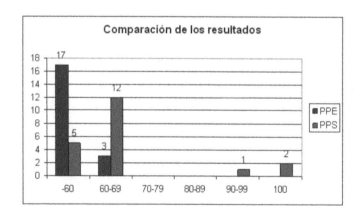